PREFACIO

La colección de guías de conversación para viajar "Todo irá bien" publicada por T&P Books está diseñada para personas que viajan al extranjero para turismo y negocios. Las guías contienen lo más importante - los elementos esenciales para una comunicación básica.Éste es un conjunto de frases imprescindibles para "sobrevivir" mientras está en el extranjero.

Esta guía de conversación le ayudará en la mayoría de los casos donde usted necesite pedir algo, conseguir direcciones, saber cuánto cuesta algo, etc. Puede también resolver situaciones difíciles de la comunicación donde los gestos no pueden ayudar.

Este libro contiene muchas frases que han sido agrupadas según los temas más relevantes.También encontrará un mini diccionario con palabras útiles - números, hora, calendario, colores…

Llévese la guía de conversación "Todo irá bien" en el camino y tendrá una insustituible compañera de viaje que le ayudará a salir de cualquier situación y le enseñará a no temer hablar con extranjeros.

TABLA DE CONTENIDOS

Pronunciación 5
Lista de abreviaturas 7
Guía de conversación Español-Tailandés 9
Mini Diccionario 77

T&P Books Publishing

PRONUNCIACIÓN

T&P alfabeto fonético	Ejemplo tailandés	Ejemplo español

Las vocales

[a]	ห้า [hâ:] – hâa	radio
[e]	เป็นลม [pen lom] – bpen lom	verano
[i]	วินัย [wí? naj] – wí–nai	ilegal
[o]	โกน [ko:n] – gohn	bordado
[u]	ขุ่นเคือง [kʰùn kʰɯ:aŋ] – khùn kheuang	mundo
[aa]	ราคา [ra: kʰa:] – raa–khaa	contraataque
[oo]	ภูมิใจ [pʰu:m tɕaj] – phoom jai	jugador
[ee]	บัญชี [ban tɕʰi:] – ban–chee	destino
[ɯ]	เดือน [dɯ:an] – deuan	Largo sonido [ə]
[ɤ]	เงิน [ŋɤn] – ngern	Vocal semicerrada posterior no redondeada
[ae]	แปล [plɛ:] – bplae	cuarenta
[ay]	เลข [lê:k] – lâyk	sexto
[ai]	ไปป์ [paj] – bpai	paisaje
[oi]	โพย [pʰo:j] – phoi	boina
[ya]	สัญญา [sǎn ja:] – sǎn–yaa	araña
[ɤ:i]	อบเชย [ʔòp tɕʰɤ:j] – òp–choie	Combinación [ə:i]
[i:a]	หน้าเขียว [nâ: si:aw] – nâa sieow	ecología

Consonantes iniciales

[b]	บาง [ba:ŋ] – baang	en barco
[d]	สีแดง [sǐ: dɛ:ŋ] – sěe daeng	desierto
[f]	มันฝรั่ง [man fà ràŋ] – man fà–ràng	golf
[h]	เฮลซิงกิ [he:n siŋ kì?] – hayn–sing–gì	registro
[y]	ยี่สิบ [jî: sìp] – yêe sìp	asiento
[g]	กรง [kroŋ] – grorng	jugada
[kh]	เลขา [le: kʰǎ:] – lay–khǎa	[k] aspirada
[l]	เล็ก [lék] – lék	lira
[m]	เมลอน [me: lɔ:n] – may–lorn	nombre
[n]	หนัง [nǎŋ] – nǎng	número
[ng]	เงือก [ŋɯ:ak] – ngêuak	manga
[bp]	เป็น [pen] – bpen	precio

T&P alfabeto fonético	Ejemplo tailandés	Ejemplo español
[ph]	เผ่า [pʰàw] – phào	[p] aspirada
[r]	เบอรี่ [bɤː riː] – ber–rêe	era, alfombra
[s]	ซอน [sôn] – sôrn	salva
[dt]	ตนตรี [don triː] – don–dtree	torre
[j]	ปั้นจั่น [pân tɕàn] – bpân jàn	archivo
[ch]	วิชา [wíʔ tɕʰaː] – wí–chaa	[tsch] aspirado
[th]	แถว [tʰɛːw] – thăe	[t] aspirada
[w]	เคียว [kʰiːaw] – khieow	acuerdo

Consonantes finales

[k]	แม่เหล็ก [mɛː lèk] – mâe lèk	charco
[m]	เพิ่ม [pʰɤːm] – phêrm	nombre
[n]	เนียน [niːan] – nian	número
[ng]	เป็นห่วง [pen hùːaŋ] – bpen hùang	manga
[p]	ไม่ขยับ [mâj kʰà ja p] – mâi khà–yàp	precio
[t]	ลูกเป็ด [lûːk pèt] – lôok bpèt	torre

Comentarios

Tono medio - [ã] การคูณ [gaan khon]
Tono bajo - [à] แจกจ่าย [jàek jàai]
Tono descendente - [â] แต่ม [dtâem]
Tono alto - [á] แซ็กโซโฟน [sáek-soh-fohn]
Tono ascendente - [ă] เนินเขา [nern khăo]

LISTA DE ABREVIATURAS

Abreviatura en español

adj	-	adjetivo
adv	-	adverbio
anim.	-	animado
conj	-	conjunción
etc.	-	etcétera
f	-	sustantivo femenino
f pl	-	femenino plural
fam.	-	uso familiar
fem.	-	femenino
form.	-	uso formal
inanim.	-	inanimado
innum.	-	innumerable
m	-	sustantivo masculino
m pl	-	masculino plural
m, f	-	masculino, femenino
masc.	-	masculino
mat	-	matemáticas
mil.	-	militar
num.	-	numerable
p.ej.	-	por ejemplo
pl	-	plural
pron	-	pronombre
sg	-	singular
v aux	-	verbo auxiliar
vi	-	verbo intransitivo
vi, vt	-	verbo intransitivo, verbo transitivo
vr	-	verbo reflexivo
vt	-	verbo transitivo

GUÍA DE CONVERSACIÓN TAILANDÉS

Esta sección contiene frases importantes que pueden resultar útiles en varias situaciones de la vida real. La Guía le ayudará a pedir direcciones, aclaración sobre precio, comprar billetes, y pedir alimentos en un restaurante

T&P Books Publishing

CONTENIDO DE LA GUÍA DE CONVERSACIÓN

Lo más imprescindible	12
Preguntas	15
Necesidades	16
Preguntar por direcciones	18
Carteles	20
Transporte. Frases generales	22
Comprar billetes	24
Autobús	26
Tren	28
En el tren. Diálogo (Sin billete)	30
Taxi	32
Hotel	34
Restaurante	37
De Compras	39
En la ciudad	41
Dinero	43

Tiempo	45
Saludos. Presentaciones.	47
Despedidas	49
Idioma extranjero	51
Disculpas	53
Acuerdos	54
Rechazo. Expresar duda	55
Expresar gratitud	57
Felicitaciones , Mejores Deseos	59
Socializarse	60
Compartir impresiones. Emociones	63
Problemas, Accidentes	65
Problemas de salud	68
En la farmacia	71
Lo más imprescindible	73

T&P Books Publishing

Lo más imprescindible

Perdone, ...	ขอโทษครับ /ค่ะ/ khǒr thôht khráp /khâ/
Hola.	สวัสดีครับ /สวัสดีค่ะ/ sà-wàt-dee khráp /sà-wàt-dee khâ/
Gracias.	ขอบคุณครับ /ค่ะ/ khòrp khun khráp /khâ/

Sí.	ใช่ châi
No.	ไม่ใช่ mâi châi
No lo sé.	ผม /ฉัน/ ไม่ทราบ phǒm /chǎn/ mâi-sâap
¿Dónde? | ¿A dónde? | ¿Cuándo?	ที่ไหน | ไปที่ไหน | เมื่อไหร่ thêe nǎi | bpai thêe nǎi | mêua rài

Necesito ...	ผม /ฉัน/ ต้องการ... phǒm /chǎn/ dtôrng gaan...
Quiero ...	ผม /ฉัน/ ต้องการ... phǒm /chǎn/ dtôrng gaan...
¿Tiene ...?	คุณมี...ไหมครับ /คะ/ khun mee...mǎi khráp /khá/
¿Hay ... por aquí?	ที่นี่มี...ไหม thêe nêe mee...mǎi
¿Puedo ...?	ผม /ฉัน/ ขออนุญาต... phǒm /chǎn/ khǒr a-nú-yâat...
..., por favor? (petición educada)	โปรด... bpròht...

Busco ...	ผม /ฉัน/ กำลังหา... phǒm /chǎn/ gam-lang hǎa...
el servicio	ห้องน้ำ hôrng náam
un cajero automático	เอทีเอ็ม ay thee em
una farmacia	ร้านขายยา ráan khǎai yaa
el hospital	โรงพยาบาล rohng phá-yaa-baan

la comisaría	สถานีตำรวจ sà-thǎa-nee dtam-rùat
el metro	รถไฟใต้ดิน rót fai dtâi din

un taxi	รถแท็กซี่ rót tháek-sêe
la estación de tren	สถานีรถไฟ sà-thăa-nee rót fai

Me llamo ...	ผม /ฉัน/ ชื่อ... phŏm /chăn/ chêu...
¿Cómo se llama?	คุณชื่ออะไรครับ /คะ/ khun chêu a-rai khráp /khá/
¿Puede ayudarme, por favor?	ขอช่วยผมหน่อยครับ /ขอช่วยฉันหน่อยคะ/ khŏr chûay phŏm nòi khráp /khŏr chûay chăn nòi khá/
Tengo un problema.	ผม /ฉัน/ มีปัญหา phŏm /chăn/ mee bpan-hăa
Me encuentro mal.	ผม /ฉัน/ รู้สึกไม่สบาย phŏm /chăn/ róo sèuk mâi sà-baai
¡Llame a una ambulancia!	ขอเรียกรถพยาบาล! khŏr rîak rót phá-yaa-baan
¿Puedo llamar, por favor?	ผม /ฉัน/ โทรศัพท์ได้ไหม phŏm /chăn/ thoh-rá-sàp dâai măi

Lo siento.	ขอโทษ khŏr thôht
De nada.	ไม่เป็นไรครับ /ค่ะ/ mâi bpen rai khráp /khâ/

Yo	ผม /ฉัน/ phŏm /chăn/
tú	คุณ khun
él	เขา khăo
ella	เธอ ther
ellos	พวกเขา phûak khăo
ellas	พวกเขา phûak khăo
nosotros /nosotras/	เรา rao
ustedes, vosotros	คุณทั้งหลาย khun tháng lăai
usted	ท่าน thân

ENTRADA	ทางเข้า thaang khâo
SALIDA	ทางออก thaang òrk
FUERA DE SERVICIO	เสีย sĭa

CERRADO	ปิด
	bpìt
ABIERTO	เปิด
	bpèrt
PARA SEÑORAS	สำหรับผู้หญิง
	săm-ràp phôo yĭng
PARA CABALLEROS	สำหรับผู้ชาย
	săm-ràp phôo chaai

Preguntas

¿Dónde?	ที่ไหน thêe nǎi
¿A dónde?	ไปที่ไหน bpai thêe nǎi
¿De dónde?	มาจากไหน maa jàak nǎi
¿Por qué?	ทำไม tham-mai
¿Con que razón?	ด้วยเหตุผลอะไร dûay hàyt phǒn a-rai
¿Cuándo?	เมื่อไหร่ mêua rài
¿Cuánto tiempo?	นานแค่ไหน naan khâe nǎi
¿A qué hora?	กี่โมง gèe mohng
¿Cuánto?	ราคาเท่าไหร่ raa-khaa thâo rài
¿Tiene …?	คุณมี…ไหมครับ /คะ/ khun mee…mǎi khráp /khá/
¿Dónde está …?	…อยู่ที่ไหน …yòo thêe nǎi
¿Qué hora es?	กี่โมงแล้ว gèe mohng láew
¿Puedo llamar, por favor?	ผม /ฉัน/ โทรศัพท์ได้ไหม phǒm /chǎn/ thoh-rá-sàp dâai mǎi
¿Quién es?	ใครอยู่ที่นั่น khrai yòo thêe nân
¿Se puede fumar aquí?	ผม /ฉัน/ สูบบุหรี่ที่นี่ได้ไหม phǒm /chǎn/ sòop bù rèe thêe nêe dâai mǎi
¿Puedo …?	ผม /ฉัน/… ได้ไหม phǒm /chǎn/… dâai mǎi

Necesidades

Quisiera …	ผม /ฉัน/ ต้องการ
	phŏm /chăn/ dtôrng gaan
No quiero …	ผม /ฉัน/ ไม่ต้องการ
	phŏm /chăn/ mâi dtôrng gaan
Tengo sed.	ผม /ฉัน/ หิวน้ำ
	phŏm /chăn/ hĭw náam
Tengo sueño.	ผม /ฉัน/ ต้องการนอน
	phŏm /chăn/ dtônrg gaan norn

Quiero …	ผม /ฉัน/ ต้องการ...
	phŏm /chăn/ dtôrng gaan…
lavarme	ล้างหน้า
	láang nâa
cepillarme los dientes	แปรงฟัน
	bpraeng fan
descansar un momento	พักนิดหน่อย
	phák nít nòi
cambiarme de ropa	เปลี่ยนเสื้อผ้า
	bplian sêua phâa

volver al hotel	กลับไปที่โรงแรม
	glàp bpai thêe rohng raem
comprar …	ซื้อ...
	séu…
ir a …	ไป...
	bpai…
visitar …	ไปเยี่ยม...
	bpai yîam…
quedar con …	พบกับ...
	phóp gàp…
hacer una llamada	โทรศัพท์
	thoh-rá-sàp

Estoy cansado /cansada/.	ผม /ฉัน/ เหนื่อย
	phŏm /chăn/ nèuay
Estamos cansados /cansadas/.	เราเหนื่อย
	rao nèuay
Tengo frío.	ผม /ฉัน/ หนาว
	phŏm /chăn/ năao
Tengo calor.	ผม /ฉัน/ ร้อน
	phŏm /chăn/ rórn
Estoy bien.	ผม /ฉัน/ โอเค
	phŏm /chăn/ oh khay

Tengo que hacer una llamada.	ผม /ฉัน/ ต้องการโทรศัพท์ phǒm /chǎn/ dtôrng gaan thoh-rá-sàp
Necesito ir al servicio.	ผม /ฉัน/ ต้องการไปห้องน้ำ phǒm /chǎn/ dtôrng gaan bpai hôrng náam
Me tengo que ir.	ผม /ฉัน/ ต้องไปแล้ว phǒm /chǎn/ dtôrng bpai láew
Me tengo que ir ahora.	ตอนนี้ผม /ฉัน/ ต้องไปแล้ว dton-née phǒm /chǎn/ dtôrng bpai láew

Preguntar por direcciones

Perdone, …	ขอโทษครับ /ค่ะ/
	khŏr thôht khráp /khâ/
¿Dónde está …?	…อยู่ที่ไหน
	…yòo thêe năi
¿Por dónde está …?	…ไปทางไหนครับ /คะ/
	…bpai thaang năi khráp /khá/
¿Puede ayudarme, por favor?	ขอช่วยผมหน่อยครับ /ขอช่วยฉันหน่อยคะ/
	khŏr chûay phŏm nòi khráp /khŏr chûay chăn nòi khá/

Busco …	ผม /ฉัน/ กำลังหา…
	phŏm /chăn/ gam-lang hăa…
Busco la salida.	ผม /ฉัน/ กำลังหาทางออกครับ /คะ/
	phŏm /chăn/ gam-lang hăa thaang òrk khráp /khâ/
Voy a …	ผม /ฉัน/ กำลังไป…
	phŏm /chăn/ gam-lang bpai…
¿Voy bien por aquí para …?	ผม /ฉัน/ ไป… ถูกไหม
	phŏm /chăn/ bpai… thòok măi

¿Está lejos?	อยู่ไกลไหม
	yòo glai măi
¿Puedo llegar a pie?	ผม /ฉัน/ เดินไปที่นั่นได้ไหม
	phŏm /chăn/ dern bpai thêe nân dâai măi
¿Puede mostrarme en el mapa?	ขอชี้…ในแผนที่ให้ดูครับ /คะ/
	khŏr chée…nai phăen thêe hâi doo khráp /khá/
Por favor muestreme dónde estamos.	ขอชี้..ว่าตอนนี้เราอยู่ที่ไหนครับ /คะ/
	khŏr chée…wâa dton-née rao yòo thêe năi khráp /khá/

Aquí	ที่นี่
	thêe nêe
Allí	ที่นั่น
	thêe nân
Por aquí	ทางนี้
	thaang née

Gire a la derecha.	เลี้ยวขวา
	líeow khwăa
Gire a la izquierda.	เลี้ยวซ้าย
	líeow sáai
la primera (segunda, tercera) calle	การเลี้ยว แรก (ที่สอง, ที่สาม)
	gaan líeow · râek (thêe sŏng, thêe săam)
a la derecha	ไปทางขวา
	bpai thaang khwăa
a la izquierda	ไปทางซ้าย
	bpai thaang sáai
Siga recto.	ไปตรง
	bpai dtrong

Carteles

¡BIENVENIDO!	ยินดีต้อนรับ!
	yin dee dtôn ráp
ENTRADA	ทางเข้า
	thaang khâo
SALIDA	ทางออก
	thaang òrk
EMPUJAR	ผลัก
	phlàk
TIRAR	ดึง
	deung
ABIERTO	เปิด
	bpèrt
CERRADO	ปิด
	bpìt
PARA SEÑORAS	สำหรับผู้หญิง
	săm-ràp phôo yĭng
PARA CABALLEROS	สำหรับผู้ชาย
	săm-ràp phôo chaai
CABALLEROS	สุภาพบุรุษ (ผู้ชาย)
	sù-phâap bù-rùt (phôo chaai)
SEÑORAS	สุภาพสตรี (ผู้หญิง)
	sù-phâap sàt-dtree (phôo yĭng)
REBAJAS	ลดราคา
	lót raa-khaa
VENTA	ขายของลดราคา
	khăai khŏrng lót raa-khaa
GRATIS	ฟรี
	free
¡NUEVO!	ใหม่!
	mài
ATENCIÓN	โปรดทราบ!
	bpròht sâap
COMPLETO	ไม่ว่าง
	mâi wâang
RESERVADO	จองแล้ว
	jorng láew
ADMINISTRACIÓN	การบริหาร
	gaan bor-rí-hăan
SÓLO PERSONAL AUTORIZADO	เฉพาะพนักงาน
	chà-phór phá-nák ngaan

CUIDADO CON EL PERRO	ระวังสุนัข! rá-wang sù-nák
NO FUMAR	ห้ามสูบบุหรี่! hâam sòop bù rèe
NO TOCAR	ห้ามแตะ! hâam dtàe

PELIGROSO	อันตราย an-dtà-raai
PELIGRO	อันตราย an-dtà-raai
ALTA TENSIÓN	ไฟฟ้าแรงสูง fai fáa raeng sŏong
PROHIBIDO BAÑARSE	ห้ามว่ายน้ำ hâam wâai náam

FUERA DE SERVICIO	เสีย sĭa
INFLAMABLE	อันตรายติดไฟ an-dtà-raai dtìt fai
PROHIBIDO	ห้าม hâam
PROHIBIDO EL PASO	ห้ามบุกรุก! hâam bùk rúk
RECIÉN PINTADO	สียังไม่แห้ง sĕe yang mâi hâeng

CERRADO POR RENOVACIÓN	ปิดปรับปรุง bpìt bpràp bprung
EN OBRAS	งานก่อสร้าง ngaan gòr sâang
DESVÍO	ทางเบี่ยง thaang bìang

Transporte. Frases generales

el avión	เครื่องบิน khrêuang bin
el tren	รถไฟ rót fai
el bus	รถเมล์ rót may
el ferry	เรือข้ามฟาก reua khâam fâak
el taxi	รถแท็กซี่ rót tháek-sêe
el coche	รถยนต์ rót yon
el horario	ตารางเวลา dtaa-raang way-laa
¿Dónde puedo ver el horario?	ผม /ฉัน/ ดูตารางเวลาได้ที่ไหน phŏm /chăn/ doo dtaa-raang way-laa dâai thêe năi
días laborables	วันทำงาน wan tham ngaan
fines de semana	วันหยุดสุดสัปดาห์ wan yùt sùt sàp-daa
días festivos	วันหยุด wan yùt
SALIDA	ขาออก khăa òrk
LLEGADA	ขาเข้า khăa khâo
RETRASADO	ล่าช้า lâa cháa
CANCELADO	ยกเลิก yók lêrk
siguiente (tren, etc.)	ถัดไป thàt bpai
primero	แรก râek
último	สุดท้าย sùt tháai

¿Cuándo pasa el siguiente ...?	...เที่ยวถัดไปออกเมื่อไหร่ ...thîeow thàt bpai òk mêua rài
¿Cuándo pasa el primer ...?	...เที่ยวแรกออกเมื่อไหร่ ...thîeow râek òrk mêua rài
¿Cuándo pasa el último ...?	...เที่ยวสุดท้ายออกเมื่อไหร่ ...thîeow sùt tháai òk mêua rài
el trasbordo (cambio de trenes, etc.)	การเปลี่ยนสาย gaan bplìan sǎai
hacer un trasbordo	เปลี่ยนสาย bplìan sǎai
¿Tengo que hacer un trasbordo?	ผม /ฉัน/ ต้องเปลี่ยนสายไหม phǒm /chǎn/ dtôrng bplìan sǎai mǎi

Comprar billetes

¿Dónde puedo comprar un billete?	ผม /ฉัน/ ซื้อตั๋วได้ที่ไหน phǒm /chǎn/ séu dtǔa dâai thêe nǎi
el billete	ตั๋ว dtǔa
comprar un billete	ซื้อตั๋ว séu dtǔa
precio del billete	ราคาตั๋ว raa-khaa dtǔa
¿Para dónde?	ไปไหน bpai nǎi
¿A qué estación?	ไปสถานีไหน bpai sà-thǎa-nee nǎi
Necesito …	ผม /ฉัน/ ต้องการ... phǒm /chǎn/ dtôrng gaan…
un billete	ตั๋วหนึ่งใบ dtǔa nèung bai
dos billetes	ตั๋วสองใบ dtǔa sǒng bai
tres billetes	ตั๋วสามใบ dtǔa sǎam bai
sólo ida	เที่ยวเดียว thîeow dieow
ida y vuelta	ไปกลับ bpai glàp
en primera (primera clase)	ชั้นหนึ่ง chán nèung
en segunda (segunda clase)	ชั้นสอง chán sǒng
hoy	วันนี้ wan née
mañana	พรุ่งนี้ phrûng-née
pasado mañana	มะรืน má-reun
por la mañana	ตอนเช้า dtorn-cháo
por la tarde	ตอนบ่าย dtorn-bàai
por la noche	ตอนเย็น dtorn-yen

asiento de pasillo	ที่นั่งติดทางเดิน
	thêe nâng dtìt thaang dern
asiento de ventanilla	ที่นั่งติดหน้าต่าง
	thêe nâng dtìt nâa dtàang
¿Cuánto cuesta?	ราคาเท่าไหร่
	raa-khaa thâo rài
¿Puedo pagar con tarjeta?	ผม /ฉัน/
	จ่ายด้วยบัตรเครดิตได้ไหม
	phŏm /chăn/
	jàai dûay bàt khray-dìt dâai măi

Autobús

el autobús	รถเมล์ rót may
el autobús interurbano	รถเมล์วิ่งระหว่างเมือง rót may wîng rá-wàang meuang
la parada de autobús	ป้ายรถเมล์ bpâai rót may
¿Dónde está la parada de autobuses más cercana?	ป้ายรถเมล์ที่ใกล้ที่สุดอยู่ที่ไหน bpâai rót may thêe glâi thêe sùt yòo thêe năi
número	หมายเลข măai lâyk
¿Qué autobús tengo que tomar para ...?	ผม /ฉัน/ ควรนั่งรถเมล์สายไหนที่จะไป... phŏm /chăn/ khuan nâng rót may săai năi thêe jà bpai...
¿Este autobús va a ...?	รถเมล์สายนี้ไป...หรือไม่ rót may săai née bpai...rĕu mâi
¿Cada cuanto pasa el autobús?	รถเมล์มาบ่อยแค่ไหน rót may maa bòi khâe năi
cada 15 minutos	ทุก 15 นาที thúk sìp hâa · naa-thee
cada media hora	ทุกครึ่งชั่วโมง thúk khrêung chûa mohng
cada hora	ทุกชั่วโมง thúk chûa mohng
varias veces al día	วันละหลายครั้ง wan lá lăai khráng
... veces al día	วันละ...ครั้ง wan lá...khráng
el horario	ตารางเวลา dtaa-raang way-laa
¿Dónde puedo ver el horario?	ผม /ฉัน/ ดูตารางเวลาได้ที่ไหน phŏm /chăn/ doo dtaa-raang way-laa dâai thêe năi
¿Cuándo pasa el siguiente autobús?	รถเมล์ถัดไปมาเมื่อไหร่ rót may thàt bpai maa mêua rài
¿Cuándo pasa el primer autobús?	รถเมล์แรกออกเมื่อไหร่ rót may râek òk mêua rài
¿Cuándo pasa el último autobús?	รถเมล์สุดท้ายออกเมื่อไหร่ rót may sùt tháai òrk mêua rài

la parada	ป้าย bpâai
la siguiente parada	ป้ายหน้า bpâai nâa
la última parada	ป้ายสุดท้าย bpâai sùt tháai
Pare aquí, por favor.	กรุณาจอดที่นี่ครับ /ค่ะ/ gà-rú-naa jòrt thêe nêe khráp /khâ/
Perdone, esta es mi parada.	ขอโทษ ผม /ฉัน/ . ขอลงป้ายนี้ครับ /ค่ะ/ khǒr thôht · phǒm /chǎn/ khǒr long bpâai née khráp /khâ/

Tren

el tren	รถไฟ rót fai
el tren de cercanías	รถไฟชานเมือง rót fai chaan meuang
el tren de larga distancia	รถไฟทางไกล rót fai thaang glai
la estación de tren	สถานีรถไฟ sà-thăa-nee rót fai
Perdone, ¿dónde está la salida al anden?	ขอโทษ ทางออกไปยัง ชานชาลาอยู่ที่ไหน khŏr thôht thaang òrk bpai yang chaan chaa-laa yòo thêe năi
¿Este tren va a ...?	รถไฟนี้ไป...ไหม rót fai née bpai…măi
el siguiente tren	รถไฟขบวนถัดไป rót fai khà-buan thàt bpai
¿Cuándo pasa el siguiente tren?	รถไฟขบวนถัดไปมาเมื่อไหร่ rót fai khà-buan thàt bpai maa mêua rài
¿Dónde puedo ver el horario?	ผม /ฉัน/ ดูตาราง เวลาได้ที่ไหน phŏm /chăn/ doo dtaa-raang way-laa dâai thêe năi
¿De qué andén?	จากชานชาลาไหน jàak chaan chaa-laa năi
¿Cuándo llega el tren a ...?	รถไฟมาถึง...เมื่อไหร่ rót fai maa thĕung…mêua rài
Ayudeme, por favor.	กรุณาช่วยผม /ฉัน/ gà-rú-naa chûay phŏm /chăn/
Busco mi asiento.	ผม /ฉัน/ กำลังหา ที่นั่งของผม /ฉัน/ phŏm /chăn/ gam-lang hăa thêe nâng khŏrng phŏm /chăn/
Buscamos nuestros asientos.	เรากำลังหาที่นั่งของเรา rao gam-lang hăa thêe nâng khŏrng rao
Mi asiento está ocupado.	มีคนเอาที่นั่ง ของผม /ฉัน/ แล้ว mee khon ao thêe nâng khŏrng phŏm /chăn/ láew
Nuestros asientos están ocupados.	มีคนเอาที่นั่งของเราแล้ว mee khon ao thêe nâng khŏrng rao láew

Perdone, pero ese es mi asiento.	ขอโทษ แต่นี่คือที่นั่งของผม /ฉัน/ khǒr thôht · dtàe nêe kheu thêe nâng khǒrng phǒm /chǎn/
¿Está libre?	มีคนนั่งที่นี่ไหม mee khon nâng thêe nêe mǎi
¿Puedo sentarme aquí?	ผม /ฉัน/ นั่งที่นี้ได้ไหม phǒm /chǎn/ nâng thêe née dâai mǎi

En el tren. Diálogo (Sin billete)

Su billete, por favor.	ขอดูตั๋วครับ /ค่ะ/ khŏr doo dtŭa khráp /khâ/
No tengo billete.	ผม /ฉัน/ ไม่มีตั๋ว phŏm /chăn/ mâi mee dtŭa
He perdido mi billete.	ผม /ฉัน/ ทำตั๋ว ของผม /ฉัน/ หาย phŏm /chăn/ tham dtŭa khŏrng phŏm /chăn/ hăai
He olvidado mi billete en casa.	ผม /ฉัน/ ลืมตั๋วของผม /ฉัน/ ไว้ที่บ้าน phŏm /chăn/ leum dtŭa khŏrng phŏm /chăn/ wái thêe bâan
Le puedo vender un billete.	คุณซื้อตั๋วได้ที่ผมได้ครับ / คุณซื้อตั๋วได้ที่ฉันได้ค่ะ khun séu dtŭa thêe phŏm dâai khráp / khun séu dtŭa thêe chăn dâai khâ
También deberá pagar una multa.	คุณยังต้องจ่ายค่าปรับด้วย khun yang dtôrng jàai khâa bpràp dûay
Vale.	โอเค oh khay
¿A dónde va usted?	คุณไปไหน khun bpai năi
Voy a ...	ผม /ฉัน/ กำลังไป phŏm /chăn/ gam-lang bpai
¿Cuánto es? No lo entiendo.	เท่าไหร่ ผม /ฉัน/ ไม่เข้าใจ thâo rài · phŏm /chăn/ mâi khâo jai
Escríbalo, por favor.	กรุณาเขียนให้ดูครับ /ค่ะ/ gà-rú-naa khĭan hâi doo khráp /khâ/
Vale. ¿Puedo pagar con tarjeta?	โอเค. ผม /ฉัน/ จ่ายด้วยบัตรเครดิตได้ไหม oh khay · phŏm /chăn/ jàai dûay bàt khray-dìt dâai măi
Sí, puede.	ได้ครับ /ค่ะ/ dâai khráp /khâ/
Aquí está su recibo.	นี่คือใบเสร็จของคุณครับ /ค่ะ/ nêe kheu bai sèt khŏrng khun khráp /khâ/
Disculpe por la multa.	เสียใจด้วยค่าปรับ sĭa jai dûay khâa bpràp

No pasa nada. Fue culpa mía.	ไม่เป็นไรหรอก เป็นความผิดของผม /ฉัน/ เอง mâi bpen rai ròk · bpen khwaam phìt khǒrng phǒm /chǎn/ ayng
Disfrute su viaje.	ขอให้เที่ยวให้สนุกครับ /ค่ะ/ khǒr hâi thîeow hâi sà-nùk khráp /khâ/

Taxi

taxi	รถแท็กซี่ rót tháek-sêe
taxista	คนขับรถแท็กซี่ khon khàp rót tháek-sêe
coger un taxi	เรียกรถแท็กซี่ rîak rót táek-sêe
parada de taxis	ที่จอดรถแท็กซี่ thêe jòrt rót tháek sêe
¿Dónde puedo coger un taxi?	ผม /ฉัน/ เอารถแท็กซี่ได้ที่ไหน phŏm /chăn/ ao rót tháek-sêe dâai thêe năi
llamar a un taxi	เรียกรถแท็กซี่ rîak rót táek-sêe
Necesito un taxi.	ผม /ฉัน/ ต้องการเรียกรถแท็กซี่ phŏm /chăn/ dtôrng gaan rîak rót tháek-sêe
Ahora mismo.	ตอนนี้ dtorn-née
¿Cuál es su dirección?	ที่อยู่ของคุณคืออะไร thêe yòo khŏrng khun kheu a-rai
Mi dirección es …	ที่อยู่ของผม /ฉัน/ คือ... thêe yòo khŏrng phŏm /chăn/ kheu…
¿Cuál es el destino?	คุณไปที่ไหน khun bpai thêe năi
Perdone, …	ขอโทษครับ /ค่ะ/ khŏr thôht khráp /khâ/
¿Está libre?	คุณว่างไหมครับ /คะ/ khun wâang măi khráp /khá/
¿Cuánto cuesta ir a …?	ไป...ราคาเท่าไหร่ bpai…raa-khaa thâo rài
¿Sabe usted dónde está?	คุณรู้ไหมว่ามันอยู่ที่ไหนครับ /คะ/ khun róo măi wâa man yòo thêe năi khráp /khá/
Al aeropuerto, por favor.	ไปสนามบินครับ /ค่ะ/ bpai sà-năam bin khráp /khâ/
Pare aquí, por favor.	กรุณาจอดที่นี่ครับ /ค่ะ/ gà-rú-naa jòrt thêe nêe khráp /khâ/
No es aquí.	ไม่ใช่ที่นี่ mâi châi thêe nêe

La dirección no es correcta.	ที่อยู่นี้ผิด thêe yòo née phìt
Gire a la izquierda.	เลี้ยวซ้าย líeow sáai
Gire a la derecha.	เลี้ยวขวา líeow khwăa

¿Cuánto le debo?	ผม /ฉัน/ ต้องจ่ายเท่าไร phŏm /chăn/ dtôrng jàai thâo rai
¿Me da un recibo, por favor?	ขอใบเสร็จครับ /คะ/ khŏr bai sèt khráp /khâ/
Quédese con el cambio.	เก็บเงินทอนไว้เถอะ gèp ngern thorn wái thùh

Espéreme, por favor.	ขอรอผมครับ /ฉันคะ/ khŏr ror phŏm khráp /chăn khá/
cinco minutos	ห้านาที hâa naa-thee
diez minutos	สิบนาที sìp naa-thee
quince minutos	สิบห้านาที sìp hâa naa-thee
veinte minutos	ยี่สิบนาที yêe sìp naa-thee
media hora	ครึ่งชั่วโมง khrêung chûa mohng

Hotel

Hola.	สวัสดีครับ /ค่ะ/ sà-wàt-dee khráp /khâ/
Me llamo …	ผม /ฉัน/ ชื่อ... phǒm /chǎn/ chêu…
Tengo una reserva.	ผม /ฉัน/ ได้จองห้องไว้แล้ว phǒm /chǎn/ dâai jorng hôrng wái láew
Necesito …	ผม /ฉัน/ ต้องการ... phǒm /chǎn/ dtôrng gaan…
una habitación individual	ห้องเตียงเดี่ยว hôrng dtiang dìeow
una habitación doble	ห้องเตียงคู่ hôrng dtiang khôo
¿Cuánto cuesta?	ราคาเท่าไหร่ raa-khaa thâo rài
Es un poco caro.	ค่อนข้างแพง khôrn khâang phaeng
¿Tiene alguna más?	คุณมีอะไรอย่างอื่นไหม ครับ /คะ/ khun mee a-rai yàang èun mǎi khráp /khá/
Me quedo.	ผม /ฉัน/ จะเอาอันนี้ phǒm /chǎn/ jà ao an née
Pagaré en efectivo.	ผม /ฉัน/ จะจ่ายเป็นเงินสด phǒm /chǎn/ jà jàai bpen ngern sòt
Tengo un problema.	ผม /ฉัน/ มีปัญหา phǒm /chǎn/ mee bpan-hǎa
Mi … no funciona.	...ของผม /ฉัน/ แตก …khǒng phǒm /chǎn/ dtàek
Mi … está fuera de servicio.	...ของผม /ฉัน/ เสีย …khǒng phǒm /chǎn/ sǐa
televisión	โทรทัศน์ thoh-rá-thát
aire acondicionado	เครื่องปรับอากาศ khrêuang bpràp-aa-gàat
grifo	ก๊อกน้ำ górk náam
ducha	ฝักบัว fàk bua
lavabo	อ่างล้างหน้า àang láang-nâa

caja fuerte	ตู้เซฟ	dtôo sâyf
cerradura	กุญแจประตู	gun-jae bprà-dtoo
enchufe	เต้าเสียบไฟฟ้า	dtâo sìap fai fáa
secador de pelo	ไดร์เป่าผม	drai bpào phǒm

No tengo ...	ผม /ฉัน/ ไม่มี...	phǒm /chǎn/ mâi mee...
agua	น้ำ	náam
luz	ไฟ	fai
electricidad	ไฟฟ้า	fai fáa

¿Me puede dar ...?	คุณเอา...ให้ผม /ฉัน/ ได้ไหม ครับ /คะ/	khun au...hâi phǒm /chǎn/ dâai mǎi khráp /khá/
una toalla	ผ้าเช็ดตัว	phâa chét dtua
una sábana	ผ้าห่ม	phâa hòm
unas chanclas	รองเท้าแตะ	rorng tháo dtàe
un albornoz	เสื้อคลุมอาบน้ำ	sêua klum àap náam
un champú	แชมพู	chaem phoo
jabón	สบู่	sà-bòo

Quisiera cambiar de habitación.	ผม /ฉัน/ ต้องการเปลี่ยนห้อง	phǒm /chǎn/ dtôrng gaan bplìan hôrng
No puedo encontrar mi llave.	ผม /ฉัน/ หากุญแจไม่เจอ	phǒm /chǎn/ hǎa gun-jae mâi jer
Por favor abra mi habitación.	กรุณาช่วยเปิดห้องของผมครับ /ฉันคะ/	gà-rú-naa chûay bpèrt hôrng khǒrng phǒm khráp /chǎn khá/

¿Quién es?	krai yòo têe nân	khrai yòo thêe nân
¡Entre!	เข้ามาครับ /คะ/!	khâo maa khráp /khâ/
¡Un momento!	รอสักครู่!	ror sàk khrôo
Ahora no, por favor.	ไม่ใช่ตอนนี้ครับ /คะ/	mâi châi dtorn-née khráp /khâ/

Venga a mi habitación, por favor.	กรุณามาที่ห้องของผมครับ /ฉันคะ/ gà-rú-naa maa thêe hôrng kŏrng phŏm khráp /chăn khâ/
Quisiera hacer un pedido.	ผม /ฉัน/ ต้องการสั่งอาหาร phŏm /chăn/ dtôrng gaan sàng aa-hăan
Mi número de habitación es …	ห้องของผม /ฉัน/ มีเบอร์… hôrng kŏrng phŏm /chăn/ mee ber…
Me voy …	ผม /ฉัน/ กำลังออกไป… phŏm /chăn/ gam-lang òk bpai…
Nos vamos …	พวกเรากำลังออกไป… phûak rao gam-lang òk bpai…
Ahora mismo	ตอนนี้ dtorn-née
esta tarde	บ่ายนี้ bàai née
esta noche	คืนนี้ kheun née
mañana	พรุ่งนี้ phrûng-née
mañana por la mañana	พรุ่งนี้เวลาเช้า phrûng-née way-laa cháo
mañana por la noche	พรุ่งนี้เวลาเย็น phrûng-née way-laa yen
pasado mañana	มะรืน má-reun
Quisiera pagar la cuenta.	ผม /ฉัน/ ต้องการจ่าย phŏm /chăn/ dtôrng gaan jàai
Todo ha estado estupendo.	ทุกอย่างดีเยี่ยม thúk yàang dee yîam
¿Dónde puedo coger un taxi?	ผม /ฉัน/ เรียกรถแท็กซี่ได้ที่ไหน phŏm /chăn/ rîak rót tháek-sêe dâai thêe năi
¿Puede llamarme un taxi, por favor?	กรุณาช่วยเรียกรถแท็กให้ผมครับ /ฉันคะ/ gà-rú-naa chûay rîak rót tháek-sêe hâi phŏm khráp /chăn khá/

Restaurante

¿Puedo ver el menú, por favor?
ขอผม /ฉัน/ ดูเมนูหน่อย
khŏr phŏm /chăn/ doo may-noo nòi

Mesa para uno.
ขอโต๊ะสำหรับหนึ่งที่
khŏr dtó săm-ràp nèung thêe

Somos dos (tres, cuatro).
เรามากันสอง (สาม สี่) คน
rao maa gan sŏrng (săam · sèe) khon

Para fumadores
ห้องสูบบุหรี่
hôrng sòop bù rèe

Para no fumadores
ห้องไม่สูบบุหรี่
hôrng mâi sòop bù rèe

¡Por favor! (llamar al camarero)
ขอโทษครับ /ค่ะ/
khŏr thôht khráp /khâ/

la carta
เมนู
may-noo

la carta de vinos
รายการไวน์
raai gaan wai

La carta, por favor.
ขอเมนูด้วยครับ /ค่ะ/
khŏr may-noo dûay khráp /khâ/

¿Está listo para pedir?
คุณพร้อมสั่งอาหารไหม
ครับ /คะ/
khun phrórm sàng aa-hăan măi
khráp /khá/

¿Qué quieren pedir?
คุณต้องการอะไรบ้างครับ /คะ/
khun dtôrng gaan a-rai bâang khráp /khá/

Yo quiero ...
ผม /ฉัน/ ต้องการ...
phŏm /chăn/ dtôrng gaan...

Soy vegetariano.
ผม /ฉัน/ กินมังสวิรัติ
phŏm /chăn/ gin mang-sà-wí-rát

carne
เนื้อ
néua

pescado
ปลา
bplaa

verduras
ผัก
phàk

¿Tiene platos para vegetarianos?
คุณมีอาหารมังสวิรัติไหม
ครับ /คะ/
khun mee aa hăan mang-sà-wí-rát măi
khráp /khá/

No como cerdo.
ผม /ฉัน/ ไม่กินเนื้อหมู
phŏm /chăn/ mâi gin néua mŏo

Él /Ella/ no come carne.	เขา /เธอ/ ไม่กินเนื้อสัตว์
	khǎo /ther/ mâi gin néua sàt
Soy alérgico a …	ผม /ฉัน/ แพ้...
	phǒm /chǎn/ pháe…

¿Me puede traer …, por favor?	ขอเอา...ให้ผม /ฉัน/
	khǒr ao…hâi phǒm /chǎn/
sal | pimienta | azúcar	เกลือ | พริกไทย | น้ำตาล
	gleua | phrík-tai | nám dtaan
café | té | postre	กาแฟ | ชา | ขนมหวาน
	gaa-fae | chaa | khà-nǒm wǎan
agua | con gas | sin gas	น้ำ | น้ำโซดา | น้ำเปล่า
	náam | náam soh-daa | náam bplào
una cuchara | un tenedor | un cuchillo	ช้อน | ส้อม | มีด
	chórn | sôrm | mêet
un plato | una servilleta	จาน | ผ้าเช็ดปาก
	jaan | phâa chét bpàak

¡Buen provecho!	ประทานอาหารให้อร่อยครับ /ค่ะ/!
	bprà-thaan aa-hǎan hâi a-ròi khráp /khâ/
Uno más, por favor.	ขออีกอันหนึ่งครับ /ค่ะ/
	khǒr èek an nèung khráp /khâ/
Estaba delicioso.	อร่อยมาก
	a-ròi mâak

la cuenta | el cambio | la propina	คิดเงิน | เงินทอน | ทิป
	khít ngern | ngern thorn | thíp
La cuenta, por favor.	ขอคิดเงินครับ /ค่ะ/
	khǒr khít ngern khráp /khâ/
¿Puedo pagar con tarjeta?	ผม /ฉัน/ จ่ายด้วยบัตรเครดิตได้ไหม
	phǒm /chǎn/ jàai dûay bàt khray-dìt dâai mǎi
Perdone, aquí hay un error.	ขอโทษ ตรงนี้มีข้อผิด
	khǒr thôht · dtrong née mee khôr phìt

De Compras

¿Puedo ayudarle?	ผม /ฉัน/ ช่วยคุณได้ไหมครับ /คะ/ phŏm /chăn/ chûay khun dâai măi khráp /khá/
¿Tiene ...?	คุณมี...ไหม khun mee...măi
Busco ...	ผม /ฉัน/ กำลังหา... phŏm /chăn/ gam-lang hăa...
Necesito ...	ผม /ฉัน/ ต้องการ... phŏm /chăn/ dtôrng gaan...
Sólo estoy mirando.	ผม /ฉัน/ กำลังดูเท่านั้น phŏm /chăn/ gam-lang doo thâo nán
Sólo estamos mirando.	พวกเรากำลังดูเท่านั้น phûak rao gam-lang doo thâo nán
Volveré más tarde.	ผม /ฉัน/ จะกลับมาใหม่ phŏm /chăn/ jà glàp maa mài
Volveremos más tarde.	เราจะกลับมาใหม่ rao jà glàp maa mài
descuentos | oferta	ลดราคา | ขายของลดราคา lót raa-khaa | khăai khŏng lót raa-khaa
Por favor, enséñeme ...	ผม /ฉัน/ ดู...ได้ไหม phŏm /chăn/ doo...dâai măi
¿Me puede dar ..., por favor?	ขอเอา...ให้ผม /ฉัน/ khŏr ao...hâi phŏm /chăn/
¿Puedo probármelo?	ผม /ฉัน/ ลองได้ไหม phŏm /chăn/ lorng dâai măi
Perdone, ¿dónde están los probadores?	ขอโทษ ห้องลองอยู่ที่ไหน khŏr thôht hôrng lorng yòo thêe năi
¿Qué color le gustaría?	คุณต้องการสีอะไร khun dtôrng gaan sĕe a-rai
la talla | el largo	ขนาด | ความยาว khà-nàat | khwaam yaao
¿Cómo le queda? (¿Está bien?)	พอดีไหม phor dee măi
¿Cuánto cuesta esto?	ราคาเท่าไหร่ raa-khaa thâo rài
Es muy caro.	แพงเกินไป phaeng gern bpai
Me lo llevo.	ผม /ฉัน/ จะเอาอันนี้ phŏm /chăn/ jà ao an née

Perdone, ¿dónde está la caja?	ขอโทษ ผม /ฉัน/ จ่ายเงินได้ที่ไหน khǒr thôht · phǒm /chǎn/ jàai ngern dâai thêe nǎi
¿Pagará en efectivo o con tarjeta?	คุณจะจ่ายด้วยเงินสดหรือบัตรเครดิต khun jà jàai dûay ngern sòt rěu bàt khray-dìt
en efectivo | con tarjeta	เงินสด | บัตรเครดิต ngern sòt | bàt khray-dìt
¿Quiere el recibo?	คุณต้องการใบเสร็จไหม khun dtôrng gaan bai sèt mǎi
Sí, por favor.	ใช่ครับ /ค่ะ/ châi khráp /khâ/
No, gracias.	ไม่ ไม่เป็นไร mâi · mâi bpen rai
Gracias. ¡Que tenga un buen día!	ขอบคุณครับ /ค่ะ/ ขอให้วันนี้เป็นวันที่ดีนะครับ /ค่ะ/ khòrp khun khráp /khâ/ khǒr hâi wan née bpen wan thêe dee ná khráp /khâ/

En la ciudad

Perdone, por favor.
ขอโทษครับ /ค่ะ/
khŏr thôht khráp /khâ/

Busco ...
ผม /ฉัน/ กำลังหา...
phŏm /chăn/ gam-lang hăa...

el metro
รถไฟใต้ดิน
rót fai dtâi din

mi hotel
โรงแรมของผม /ฉัน/
rohng raem khŏrng phŏm /chăn/

el cine
โรงภาพยนต์
rohng phâa-pha-yon

una parada de taxis
จุดจอดแท็กซี่
jùt jòrt tháek-sêe

un cajero automático
เอทีเอ็ม
ay thee em

una oficina de cambio
ที่แลกเงิน
thêe lâek ngern

un cibercafé
ร้านอินเทอร์เนทคาเฟ่
ráan in thêr-nâyt kaa-fây

la calle ...
ถนน...
thà-nŏn...

este lugar
สถานที่นี้
sà-thăan thêe née

¿Sabe usted dónde está ...?
คุณรู้ไหมว่า...อยู่ที่ไหน
khun róo măi wâa...yòo thêe năi

¿Cómo se llama esta calle?
นี่คือถนนอะไร
nêe kheu thà-nŏn a-rai

Muestreme dónde estamos ahora.
ขอชี้..ว่าตอนนี้เรา
อยู่ที่ไหนครับ /ค่ะ/
khŏr chée...wâa dtorn-née rao
yòo thêe năi khráp /khâ/

¿Puedo llegar a pie?
ผม /ฉัน/ เดินไปได้ที่นั่นไหม
phŏm /chăn/ dern bpai thêe nân dâai măi

¿Tiene un mapa de la ciudad?
คุณมีแผนที่เมืองนี้ไหม
khun mee phăen thêe meuang née măi

¿Cuánto cuesta la entrada?
ตั๋วราคาเท่าไหร่
dtŭa raa-khaa thâo rài

¿Se pueden hacer fotos aquí?
ผม/ฉัน/ ถ่ายรูป
ที่นี่ได้ไหม
phŏm /chăn/ thàai rôop
thêe nêe dâai măi

¿Está abierto?	เปิดไหม bpèrt măi
¿A qué hora abren?	คุณเปิดเมื่อไหร่ครับ /คะ/ khun bpèrt mêua rài khráp /khá/
¿A qué hora cierran?	คุณปิดเมื่อไหร่ครับ /คะ/ khun bpìt mêua rài khráp /khá/

Dinero

dinero	เงิน ngern
efectivo	เงินสด ngern sòt
billetes	ธนบัตร thá-ná-bàt
monedas	เศษเหรียญ sàyt rĭan
la cuenta | el cambio | la propina	คิดเงิน | เงินทอน | ทิป khít ngern | ngern thorn | thíp
la tarjeta de crédito	บัตรเครดิต bàt khray-dìt
la cartera	กระเป๋าเงิน grà-bpǎo ngern
comprar	ซื้อ séu
pagar	จ่าย jàai
la multa	ค่าปรับ khâa bpràp
gratis	ฟรี free
¿Dónde puedo comprar …?	ผม /ฉัน/ ซื้อ...ได้ที่ไหน phǒm /chǎn/ séu…dâai thêe nǎi
¿Está el banco abierto ahora?	ตอนนี้ธนาคารเปิดไหม dtorn-née thá-naa-khaan bpèrt mǎi
¿A qué hora abre?	มันเปิดเมื่อไหร่ man bpèrt mêua rài
¿A qué hora cierra?	มันปิดเมื่อไหร่ man bpìt mêua rài
¿Cuánto cuesta?	เท่าไหร่ thâo rài
¿Cuánto cuesta esto?	อันนี้ราคาเท่าไหร่ an née raa-khaa thâo rài
Es muy caro.	แพงเกินไป phaeng gern bpai
Perdone, ¿dónde está la caja?	ขอโทษ ผม /ฉัน/ จ่ายเงินได้ที่ไหน khǒr thôht · phǒm /chǎn/ jàai ngern dâai thêe nǎi

La cuenta, por favor.	ขอคิดเงินครับ /ค่ะ/ khŏr khít ngern khráp /khâ/
¿Puedo pagar con tarjeta?	ผม /ฉัน/ จ่ามุด้วย บัตรเครดิตได้ไหม phŏm /chăn/ jàai dûay bàt khray-dìt dâai măi
¿Hay un cajero por aquí?	ที่นี่มีตู้เอทีเอ็มไหม thêe nêe mee dtôo ay thee em măi
Busco un cajero automático.	ผม /ฉัน/ กำลังหา ตู้เอทีเอ็ม phŏm /chăn/ gam-lang hăa dtôo ay thee em
Busco una oficina de cambio.	ผม /ฉัน/ กำลังหา ที่แลกเงิน phŏm /chăn/ gam-lang hăa thêe lâek ngern
Quisiera cambiar …	ผม /ฉัน/ ต้องการแลก... phŏm /chăn/ dtôrng gaan lâek…
¿Cuál es el tipo de cambio?	อัตราแลกเปลี่ยนเท่าไหร่ àt-dtraa lâek bplìan thâo rài
¿Necesita mi pasaporte?	คุณต้องการหนังสือเดินทาง ของผม /ฉัน/ ไหม khun dtôrng gaan năng-sĕu dern-thaang khŏrng phŏm /chăn/ măi

Tiempo

¿Qué hora es?
กี่โมงแล้ว
gèe mohng láew

¿Cuándo?
เมื่อไหร่
mêua rài

¿A qué hora?
กี่โมง
gèe mohng

ahora | luego | después de ...
ตอนนี้ | ทีหลัง | หลังจาก...
dtorn-née | thee lăng | lăng jàak...

la una
หนึ่งนาฬิกา
nèung naa-lí-gaa

la una y cuarto
หนึ่งนาฬิกาสิบห้านาที
nèung naa-lí-gaa sìp hâa naa-thee

la una y medio
หนึ่งนาฬิกาสามสิบนาที
nèung naa-lí-gaa săam sìp naa-thee

las dos menos cuarto
หนึ่งนาฬิกาสี่สิบห้านาที
nèung naa-lí-gaa sèe-sìp-hâa naa-thee

una | dos | tres
หนึ่ง | สอง | สาม
nèung | sŏrng | săam

cuatro | cinco | seis
สี่ | ห้า | หก
sèe | hâa | hòk

siete | ocho | nueve
เจ็ด | แปด | เก้า
jèt | bpàet | gâo

diez | once | doce
สิบ | สิบเอ็ด | สิบสอง
sìp | sìp èt | sìp sŏrng

en ...
อีก...
èek...

cinco minutos
ห้านาที
hâa naa-thee

diez minutos
สิบนาที
sìp naa-thee

quince minutos
สิบห้านาที
sìp hâa naa-thee

veinte minutos
ยี่สิบนาที
yêe sìp naa-thee

media hora
ครึ่งชั่วโมง
khrêung chûa mohng

una hora
หนึ่งชั่วโมง
nèung chûa mohng

por la mañana
ตอนเช้า
dtorn-cháo

por la mañana temprano	แต่เช้า dtàe cháo
esta mañana	วันนี้เวลาเช้า wan née way-laa cháo
mañana por la mañana	พรุ่งนี้เวลาเช้า phrûng-née way-laa cháo

al mediodía	กลางวัน glaang wan
por la tarde	ตอนบ่าย dtorn-bàai
por la noche	ตอนเย็น dtorn-yen
esta noche	คืนนี้ kheun née

por la noche	เที่ยงคืน thîang kheun
ayer	เมื่อวานนี้ mêua waan née
hoy	วันนี้ wan née
mañana	พรุ่งนี้ phrûng-née
pasado mañana	มะรืน má-reun

¿Qué día es hoy?	วันนี้คือวันอะไร wan née kheu wan a-rai
Es …	วันนี้คือ... wan née kheu…
lunes	วันจันทร์ wan jan
martes	วันอังคาร wan ang-khaan
miércoles	วันพุธ wan phút

jueves	วันพฤหัส wan phá-réu-hàt
viernes	วันศุกร์ wan sùk
sábado	วันเสาร์ wan săo
domingo	วันอาทิตย์ wan aa-thít

Saludos. Presentaciones.

Hola.	สวัสดีครับ /ค่ะ/ sà-wàt-dee khráp /khâ/
Encantado /Encantada/ de conocerle.	ยินดีที่รู้จักครับ /ค่ะ/ yin dee thêe róo jàk khráp /khâ/
Yo también.	เช่นกัน chên gan
Le presento a …	ผม /ฉัน/ อยากให้คุณพบกับ... phǒm /chǎn/ yàak hâi khun phóp gàp…
Encantado.	ยินดีที่รู้จักครับ /ค่ะ/ yin dee thêe róo jàk khráp /khâ/
¿Cómo está?	เป็นอย่างไรบ้าง bpen yàang rai bâang
Me llamo …	ผม /ฉัน/ ชื่อ... phǒm /chǎn/ chêu…
Se llama …	เขาชื่อ... khǎo chêu…
Se llama …	เธอชื่อ... ther chêu…
¿Cómo se llama (usted)?	คุณชื่ออะไร khun chêu a-rai
¿Cómo se llama (él)?	เขาชื่ออะไร khǎo chêu a-rai
¿Cómo se llama (ella)?	เธอชื่ออะไร ther chêu a-rai
¿Cuál es su apellido?	นามสกุลของคุณคืออะไร naam sà-gun khǒrng khun kheu a-rai
Puede llamarme …	คุณเรียกผมว่า...ก็ได้ ครับ /ค่ะ/ khun rîak phǒm wâa…gôr dâai khráp /khâ/
¿De dónde es usted?	คุณมาจากที่ไหนครับ /ค่ะ/ khun maa jàak thêe nǎi khráp /khá/
Yo soy de ….	ผม /ฉัน/ มาจาก... phǒm /chǎn/ maa jàak…
¿A qué se dedica?	คุณมีอาชีพอะไรครับ /ค่ะ/ khun mee aa-chêep a-rai khráp /khá/
¿Quién es?	นี่คือใครครับ /ค่ะ/ nêe kheu khrai khráp /khá/
¿Quién es él?	เขาคือใคร khǎo kheu khrai

¿Quién es ella?	เธอคือใคร
	ther kheu khrai
¿Quiénes son?	พวกเขาคือใครครับ /คะ/
	phûak khăo kheu khrai khráp /khá/

Este es …	นี่คือ...ครับ /คะ/
	nêe kheu…khráp /khâ/
mi amigo	เพื่อนของผม /ฉัน/
	phêuan khŏrng phŏm /chăn/
mi amiga	เพื่อนของผม /ฉัน/
	phêuan khŏrng phŏm /chăn/
mi marido	สามีของฉัน
	săa-mee khŏrng chăn
mi mujer	ภรรยาของผม
	phan-rá-yaa khŏrng phŏm

mi padre	พ่อของผม /ฉัน/
	phôr khŏrng phŏm /chăn/
mi madre	แม่ของผม /ฉัน/
	mâe khŏrng phŏm /chăn/
mi hermano	พี่ชายของผม /ฉัน/,
	น้องชายของผม /ฉัน/
	phêe chaai khŏrng phŏm /chăn/,
	nóng chaai khŏrng phŏm /chăn/
mi hermana	พี่สาวของผม /ฉัน/,
	น้องสาวของผม /ฉัน/
	phêe săao khŏrng phŏm /chăn/,
	nóng săao khŏrng phŏm /chăn/
mi hijo	ลูกชายของผม /ฉัน/
	lôok chaai khŏrng phŏm /chăn/
mi hija	ลูกสาวของผม /ฉัน/
	lôok săao khŏrng phŏm /chăn/

Este es nuestro hijo.	นี่คือลูกชายของเรา
	nêe kheu lôok chaai khŏrng rao
Esta es nuestra hija.	นี่คือลูกสาวของเรา
	nêe kheu lôok săao khŏrng rao
Estos son mis hijos.	นี่คือลูก ๆ ของผม /ฉัน/
	nêe kheu lôok lôok khŏrng phŏm /chăn/
Estos son nuestros hijos.	นี่คือลูก ๆ ของเรา
	nêe kheu lôok lôok khŏrng rao

Despedidas

¡Adiós!	ลาก่อนครับ /ค่ะ/! laa gòrn khráp /khâ/
¡Chau!	บาย! baai
Hasta mañana.	พบกันพรุ่งนี้ครับ /ค่ะ/ phóp gan phrûng-née khráp /khâ/
Hasta pronto.	พบกันใหม่ phóp gan mài
Te veo a las siete.	เจอกันตอนเจ็ดโมง jer gan dtorn jèt mohng
¡Que se diviertan!	ขอให้สนุกนะ! khǒr hâi sà-nùk ná
Hablamos más tarde.	แล้วคุยกันทีหลังนะ láew khui gan thee lǎng ná
Que tengas un buen fin de semana.	ขอให้มีความสุขมาก ๆ ในวันหยุดสุดสัปดาห์นี้นะ khǒr hâi mee khwaam sùk mâak mâak nai wan yùt sùt sàp-daa née ná
Buenas noches.	ราตรีสวัสดิ์ครับ /ค่ะ/ raa-dtree sà-wàt khráp /khâ/
Es hora de irme.	ผม /ฉัน/ ต้องไปแล้ว phǒm /chǎn/ dtôrng bpai láew
Tengo que irme.	ผม /ฉัน/ ต้องไปแล้ว phǒm /chǎn/ dtôrng bpai láew
Ahora vuelvo.	ผม /ฉัน/ จะกลับมาอีก phǒm /chǎn/ jà glàp maa èek
Es tarde.	ดึกแล้ว dèuk láew
Tengo que levantarme temprano.	ผม /ฉัน/ ต้องตื่นแต่เช้า phǒm /chǎn/ dtôrng dtèun dtàe cháo
Me voy mañana.	ผม /ฉัน/ จะออกจากพรุ่งนี้ phǒm /chǎn/ jà òrk jàak phrûng-née
Nos vamos mañana.	เราจะออกจากพรุ่งนี้ rao jà òrk jàak phrûng-née
¡Que tenga un buen viaje!	เที่ยวให้สนุกนะ thîeow hâi sà-nùk ná
Ha sido un placer.	ดีใจที่ได้พบคุณครับ /ค่ะ/ dee jai thêe dâai phóp khun khráp /khâ/

Fue un placer hablar con usted.	ดีใจที่ได้คุย กับคุณครับ /คะ/ dee jai thêe dâai khui gàp khun khráp /khâ/
Gracias por todo.	ขอบคุณสำหรับ ทุกสิ่งครับ /คะ/ khòrp khun săm-ràp thúk sìng khráp /khâ/

Lo he pasado muy bien.	ผม /ฉัน/ มีความสนุก phŏm /chăn/ mee khwaam sà-nùk
Lo pasamos muy bien.	เรามีความสนุก rao mee khwaam sà-nùk
Fue genial.	มันยอดเยี่ยมมากจริง ๆ man yôrt yîam mâak jing jing
Le voy a echar de menos.	ผม /ฉัน/ จะคิดถึงคุณ phŏm /chăn/ jà khít thĕung khun
Le vamos a echar de menos.	เราจะคิดถึงคุณ rao jà khít thĕung khun

¡Suerte!	โชคดี! chôhk dee
Saludos a …	ฝากสวัสดีให้... fàak sà-wàt-dee hâi

Idioma extranjero

No entiendo.	ผม /ฉัน/ ไม่เข้าใจ
	phǒm /chǎn/ mâi khâo jai
Escríbalo, por favor.	ขอเขียนให้ดูหน่อย
	khǒr khǐan hâi doo nòi
¿Habla usted ...?	คุณพูดภาษา...ไหมครับ /คะ/
	khun phôot phaa-sǎa...mǎi khráp /khá/

Hablo un poco de ...	ผม /ฉัน/ พูดภาษา... ได้นิดหน่อย
	phǒm /chǎn/ phôot phaa-sǎa... dâai nít nòi
inglés	ภาษาอังกฤษ
	phaa-sǎa ang-grìt
turco	ภาษาตุรกี
	phaa-sǎa dtù-rá-gee
árabe	ภาษาอารบิค
	phaa-sǎa aa-rá-bìk

francés	ภาษาฝรั่งเศส
	phaa-sǎa fà-ràng-sàyt
alemán	ภาษาเยอรมัน
	phaa-sǎa yer-rá-man
italiano	ภาษาอิตาเลี่ยน
	phaa-sǎa i dtaa lîan

español	ภาษาสเปน
	phaa-sǎa sà-bpayn
portugués	ภาษาโปรตุเกส
	phaa-sǎa bproh-dtù-gàyt
chino	ภาษาจีน
	phaa-sǎa jeen
japonés	ภาษาญี่ปุ่น
	phaa-sǎa yêe-bpùn

¿Puede repetirlo, por favor?	ขอพูดอีกครั้งหนึ่งครับ /คะ/
	khǒr phôot èek khráng nêung khráp /khá/
Lo entiendo.	ผม /ฉัน/ เข้าใจ
	phǒm /chǎn/ khâo jai
No entiendo.	ผม /ฉัน/ ไม่เข้าใจ
	phǒm /chǎn/ mâi khâo jai
Hable más despacio, por favor.	ขอพูดช้า ๆ ครับ /คะ/
	khǒr phôot cháa cháa khráp /khâ/

¿Está bien?   นี่ถูกต้องไหม
nêe thòok dtôrng măi

¿Qué es esto? (¿Que significa esto?)   นี่คืออะไร
nêe kheu a-rai

Disculpas

Perdone, por favor.
ขอโทษครับ /ค่ะ/
khǒr thôht khráp /khâ/

Lo siento.
ผม /ฉัน/ เสียใจ
phǒm /chǎn/ sǐa jai

Lo siento mucho.
ผม /ฉัน/ เสียใจจริง ๆ
phǒm /chǎn/ sǐa jai jing jing

Perdón, fue culpa mía.
ขอโทษ นี่เป็นความผิด
ของผม /ฉัน/
khǒr thôht · nêe bpen khwaam phìt
khǒrng phǒm /chǎn/

Culpa mía.
นี่เป็นความผิด
ของผม /ฉัน/ เอง
nêe bpen khwaam phìt
khǒrng phǒm /chǎn/ ayng

¿Puedo ...?
ผม /ฉัน/... ได้ไหม
phǒm /chǎn/... dâai mǎi

¿Le molesta si ...?
คุณจะรังเกียจไหม
ถ้าผม /ฉัน/ จะ...
khun jà rang gìat mǎi khráp
thâa phǒm /chǎn/ jà...

¡No hay problema! (No pasa nada.)
ไม่เป็นไร
mâi bpen rai

Todo está bien.
ไม่เป็นไร
mâi bpen rai

No se preocupe.
ไม่ต้องเป็นห่วงครับ /ค่ะ/
mâi dtôrng bpen hùang khráp /khâ/

Acuerdos

Sí.	ใช่ châi
Sí, claro.	ใช่ แน่นอน châi · nâe norn
Bien.	โอเค! oh khay
Muy bien.	ดีมาก dee mâak
¡Claro que sí!	แน่นอน! nâe norn
Estoy de acuerdo.	ผม /ฉัน/ เห็นด้วย phǒm /chǎn/ hěn dûay
Es verdad.	ถูกต้อง thòok dtôrng
Es correcto.	ถูกต้อง thòok dtôrng
Tiene razón.	ถูกต้อง thòok dtôrng
No me molesta.	ผม /ฉัน/ ไม่ขัดข้อง phǒm /chǎn/ mâi khàt không
Es completamente cierto.	ถูกต้อง thòok dtôrng
Es posible.	เป็นไปได้ bpen bpai dâai
Es una buena idea.	นี่เป็นความคิดที่ดี nêe bpen khwaam khít thêe dee
No puedo decir que no.	ผม /ฉัน/ ปฏิเสธไม่ได้ phǒm /chǎn/ bpà-dtì-sàyt mâi dâai
Estaré encantado /encantada/.	ผม /ฉัน/ จะยินดี phǒm /chǎn/ jà yin dee
Será un placer.	ด้วยความยินดี dûay khwaam yin dee

Rechazo. Expresar duda

No.
ไม่ใช่
mâi châi

Claro que no.
ไม่ใช่ แน่
mâi châi· nâe

No estoy de acuerdo.
ผม /ฉัน/ ไม่เห็นด้วย
phŏm /chăn/ mâi hĕn dûay

No lo creo.
ผม /ฉัน/ ไม่คิดอย่างนี้
phŏm /chăn/ mâi khít yàang née

No es verdad.
นี่ไม่เป็นความจริง
nêe mâi bpen khwaam jing

No tiene razón.
คุณผิดไปแล้วครับ /ค่ะ/
khun phìt bpai láew khráp /khâ/

Creo que no tiene razón.
ผม /ฉัน/ คิดว่าคุณผิด
phŏm /chăn/ khít wâa khun phìt

No estoy seguro /segura/.
ผม /ฉัน/ ไม่แน่ใจ
phŏm /chăn/ mâi nâe jai

No es posible.
เป็นไปไม่ได้
bpen bpai mâi dâi

¡Nada de eso!
ไม่มีทาง!
mâi mee thaang

Justo lo contrario.
ตรงกันข้าม
dtrong gan khâam

Estoy en contra de ello.
ผม /ฉัน/ ไม่เห็นด้วย
phŏm /chăn/ mâi hĕn dûay

No me importa. (Me da igual.)
ผม /ฉัน/ ไม่สนใจ
phŏm /chăn/ mâi sŏn jai

No tengo ni idea.
ผม /ฉัน/ ไม่รู้เลย
phŏm /chăn/ mâi róo loie

Dudo que sea así.
ผม /ฉัน/ สงสัย
phŏm /chăn/ sŏng-săi

Lo siento, no puedo.
ขอโทษ ผม /ฉัน/
ไม่ได้ครับ /ค่ะ/
khŏr thôht · phŏm /chăn/
mâi dâai khráp /khâ/

Lo siento, no quiero.
ขอโทษ ผม /ฉัน/ .
ไม่ต้องการครับ /ค่ะ/
khŏr thôht · phŏm /chăn/
mâi dtôrng gaan khráp /khâ/

Gracias, pero no lo necesito.
ขอบคุณ แต่ผม /ฉัน/
ไม่ต้องการครับ /ค่ะ/
khòrp khun · dtàe phŏm /chăn/
mâi dtôrng gaan khráp /khâ/

Ya es tarde. ดึกแล้ว
dèuk láew

Tengo que levantarme temprano. ผม /ฉัน/ ต้องตื่นแต่เช้า
phŏm /chăn/ dtôrng dtèun dtàe cháo

Me encuentro mal. ผม /ฉัน/ รู้สึกไม่สบาย
phŏm /chăn/ róo sèuk mâi sà-baai

Expresar gratitud

Gracias.	ขอบคุณครับ /ค่ะ/ khòrp khun khráp /khâ/
Muchas gracias.	ขอบคุณมาก khòrp khun mâak
De verdad lo aprecio.	รู้สึกขอบคุณจริง ๆ róo sèuk khòrp khun jing jing
Se lo agradezco.	ผม /ฉัน/ รู้สึกขอบคุณ จริง ๆ ครับ /ค่ะ/ phŏm /chăn/ róo sèuk khòrp khun jing jing khráp /khâ/
Se lo agradecemos.	เรารู้สึกขอบคุณ จริง ๆ ครับ /ค่ะ/ rao róo sèuk khòrp khun jing jing khráp /khâ/

Gracias por su tiempo.	ขอบคุณสำหรับเวลา ของคุณครับ /ค่ะ/ khòrp khun săm-ràp way-laa khŏrng khun khráp /khâ/
Gracias por todo.	ขอบคุณสำหรับ ทุกสิ่งครับ /ค่ะ/ khòrp khun săm-ràp thúk sìng khráp /khâ/
Gracias por ...	ขอบคุณสำหรับ...ครับ /ค่ะ/ khòrp khun săm-ràp...khráp /khâ/
su ayuda	ความช่วยเหลือของคุณ khwaam chûay lĕua khŏrng khun
tan agradable momento	ช่วงเวลาที่ดี chûang way-laa thêe dee

una comida estupenda	อาหารที่วิเศษ aa hăan thêe wí-sàyt
una velada tan agradable	ช่วงเวลาเย็นที่ดีเยี่ยม chûang way-laa yen thêe dee yîam
un día maravilloso	วันที่แสนวิเศษ wan thêe săen wí-sàyt
un viaje increíble	การเดินทางที่น่าสนใจ gaan dern thaang têe nâa sŏn jai

No hay de qué.	ไม่เป็นไรครับ /ค่ะ/ mâi bpen rai khráp /khâ/
De nada.	ไม่เป็นไรครับ /ค่ะ/ mâi bpen rai khráp /khâ/

Siempre a su disposición.	ม่เป็นไรครับ /ค่ะ/ mâi bpen rai khráp /khâ/
Encantado /Encantada/ de ayudarle.	ยินดีที่ช่วยครับ /ค่ะ/ yin dee thêe chûay khráp /khâ/
No hay de qué.	ไม่เป็นไรครับ /ค่ะ/ mâi bpen rai khráp /khâ/
No tiene importancia.	ไม่เป็นไรครับ /ค่ะ/ mâi bpen rai khráp /khâ/

Felicitaciones, Mejores Deseos

¡Felicidades!	ขอแสดงความยินดี! khŏr sà-daeng khwaam yin-dee
¡Feliz Cumpleaños!	สุขสันต์วันเกิด! sùk-săn wan gèrt
¡Feliz Navidad!	สุขสันต์วันคริสต์มาส! sùk-săn wan khrít-mâat
¡Feliz Año Nuevo!	สวัสดีปีใหม่! sà-wàt-dee bpee mài

¡Felices Pascuas!	สุขสันต์วันอีสเตอร์! sùk-săn wan èet-dtêr
¡Feliz Hanukkah!	สุขสันต์วันฮานุกกะห์! sùk-săn wan haa núk-gà

Quiero brindar.	ผม /ฉัน/ อยากจะขอดื่มอวยพร phŏm /chăn/ yàak jà khŏr dèum uay phon
¡Salud!	ไชโย! chai-yoh
¡Brindemos por …!	ขอดื่มให้...! khŏr dèum hâi…
¡A nuestro éxito!	ความสำเร็จของเรา! khwaam săm-rèt khŏrng rao
¡A su éxito!	ความสำเร็จของคุณ! khwaam săm-rèt khŏrng khun

¡Suerte!	โชคดี! chôhk dee
¡Que tenga un buen día!	ขอให้วันนี้เป็นวันที่ดี ครับ /ค่ะ/! khŏr hâi wan née bpen wan thêe dee khráp /khâ/
¡Que tenga unas buenas vacaciones!	ขอให้วันหยุดมีความสุข ครับ /ค่ะ/! khŏr hâi wan yùt mee khwaam sùk khráp /khâ/
¡Que tenga un buen viaje!	ขอให้เดินทางปลอดภัย ครับ /ค่ะ/! khŏr hâi dern thaang bplòrt phai khráp /khâ/
¡Espero que se recupere pronto!	ขอให้คุณหายโดยเร็วครับ /ค่ะ/! khŏr hâi khun hăai doi reo khráp /khâ/

Socializarse

¿Por qué está triste?	คุณเศร้าทำไม khun sâo tham-mai
¡Sonría! ¡Anímese!	ยิ้มเข้าไว้! yím khâo wái
¿Está libre esta noche?	คืนนี้คุณว่างไหม kheun née khun wâang măi
¿Puedo ofrecerle algo de beber?	ขอผม /ฉัน/ เลี้ยงเครื่องดื่มให้คุณ khŏr phŏm /chăn/ líang khrêuang dèum hâi khun
¿Querría bailar conmigo?	คุณอยากเต้นรำไหมครับ khun yàak dtên ram măi
Vamos a ir al cine.	ไปดูหนังกันเถอะ bpai doo năng gan thùh
¿Puedo invitarle a …?	ขอเชิญคุณไป khŏr chern khun bpai
un restaurante	ร้านอาหาร ráan aa-hăan
el cine	โรงภาพยนต์ rohng phâa-pha-yon
el teatro	โรงละคร rohng lá-khon
dar una vuelta	ไปเดินเล่น bpai dern lên
¿A qué hora?	กี่โมง gèe mohng
esta noche	คืนนี้ kheun née
a las seis	หกโมง hòk mohng
a las siete	เจ็ดโมง jèt mohng
a las ocho	แปดโมง bpàet mohng
a las nueve	เก้าโมง gâo mohng
¿Le gusta este lugar?	คุณชอบที่นี่ไหม khun chôrp thêe nêe măi
¿Está aquí con alguien?	คุณมาที่นี่กับใครหรือเปล่า khun maa thêe nêe gàp khrai rĕu bplào

Estoy con mi amigo /amiga/.	ผม /ฉัน/ มากับเพื่อน ของผม /ฉัน/ phŏm /chăn/ maa gàp phêuan khŏrng phŏm /chăn/
Estoy con amigos.	ผม /ฉัน/ มากับเพื่อน ๆ ของผม /ฉัน/ phŏm /chăn/ maa gàp phêuan phêuan khŏrng phŏm /chăn/
No, estoy solo /sola/.	ผม /ฉัน/ มาเป็นคนเดียว phŏm /chăn/ maa bpen khon dieow
¿Tienes novio?	คุณมีแฟนไหม khun mee faen măi
Tengo novio.	ฉันมีแฟนแล้ว chăn mee faen láew
¿Tienes novia?	คุณมีแฟนไหม khun mee faen măi
Tengo novia.	ผมมีแฟนแล้ว phŏm mee faen láew
¿Te puedo volver a ver?	ผม /ฉัน/ เจอคุณอีกได้ไหม phŏm /chăn/ jer khun èek dâai măi
¿Te puedo llamar?	ผม /ฉัน/ โทรหาคุณได้ไหม phŏm /chăn/ thoh hăa khun dâai măi
Llámame.	แล้วโทรมานะ láew thoh maa ná
¿Cuál es tu número?	เบอร์คุณคืออะไร ber khun kheu a-rai
Te echo de menos.	ผม /ฉัน/ คิดถึงคุณ phŏm /chăn/ khít thĕung khun
¡Qué nombre tan bonito!	ชื่อคุณเพราะครับ chêu kun phrór khráp
Te quiero.	ผม /ฉัน/ รักคุณ phŏm /chăn/ rák khun
¿Te casarías conmigo?	คุณจะแต่งงานกับ ผม /ฉัน/ ไหม khun jà dtàeng ngaan gàp phŏm /chăn/ măi
¡Está de broma!	คุณล้อเล่น! khun lór lên
Sólo estoy bromeando.	ผม /ฉัน/ แค่ล้อเล่น phŏm /chăn/ khâe lór lên
¿En serio?	คุณจริงจังไหมครับ /คะ/ khun jing jang măi khráp /khá/
Lo digo en serio.	ผม /ฉัน/ จริงจัง phŏm /chăn/ jing jang
¿De verdad?	จริงเหรอ! jing rĕr
¡Es increíble!	ไม่น่าเชื่อ! mâi nâa chêua

No le creo.	ผม /ฉัน/ ไม่เชื่อคุณ
	phŏm /chăn/ mâi chêua khun
No puedo.	ผม /ฉัน/ ทำไม่ได้
	phŏm /chăn/ tham mâi dâai
No lo sé.	ผม /ฉัน/ ไม่รู้
	phŏm /chăn/ mâi róo
No le entiendo.	ผม /ฉัน/ไม่เข้าใจคุณ
	phŏm /chăn/ mâi khâo jai khun
Váyase, por favor.	กรุณาไปเถอะ
	gà-rú-naa bpai thùh
¡Déjeme en paz!	ผม /ฉัน/ ขออยู่คนเดียว
	phŏm /chăn/ khŏr yòo khon dieow
Es inaguantable.	ผม /ฉัน/ ทนเขาไม่ได้
	phŏm /chăn/ ton khăo mâi dâai
¡Es un asqueroso!	คุณน่ารังเกียจ!
	khun nâa rang gìat
¡Llamaré a la policía!	ผม /ฉัน/ จะโทรเรียกตำรวจ!
	phŏm /chăn/ jà thoh rîak dtam-rùat

Compartir impresiones. Emociones

Me gusta.	ผม /ฉัน/ ชอบมันนะ phŏm /chăn/ chôrp man ná
Muy lindo.	ดีมาก dee mâak
¡Es genial!	ยอดเยี่ยม! yôrt yîam
No está mal.	ไม่เลว mâi leo

No me gusta.	ผม /ฉัน/ ไม่ชอบมัน phŏm /chăn/ mâi chôrp man
No está bien.	ไม่ดี mâi dee
Está mal.	แย่ yâe
Está muy mal.	แย่มาก yâe mâak
¡Qué asco!	น่ารังเกียจ nâa rang giat

Estoy feliz.	ผม /ฉัน/ มีความสุข phŏm /chăn/ mee khwaam sùk
Estoy contento /contenta/.	ผม /ฉัน/ พอใจ phŏm /chăn/ phor jai
Estoy enamorado /enamorada/.	ผม /ฉัน/ มีความรัก phŏm /chăn/ mee khwaam rák
Estoy tranquilo.	ผม /ฉัน/ สงบ phŏm /chăn/ sà-ngòp
Estoy aburrido.	ผม /ฉัน/ เบื่อ phŏm /chăn/ bèua

Estoy cansado /cansada/.	ผม /ฉัน/ เหนื่อย phŏm nèuay /chăn nèuay/
Estoy triste.	ผม /ฉัน/ เศร้า phŏm /chăn/ sâo
Estoy asustado.	ผม /ฉัน/ กลัว phŏm /chăn/ glua
Estoy enfadado /enfadada/.	ผม /ฉัน/ โกรธ phŏm /chăn/ gròht

Estoy preocupado /preocupada/.	ผม /ฉัน/ กังวล phŏm /chăn/ gang-won
Estoy nervioso /nerviosa/.	ผม /ฉัน/ ประหม่า phŏm /chăn/ bprà-màa

Estoy celoso /celosa/.	ผม /ฉัน/ อิจฉา phŏm /chăn/ ìt-chăa
Estoy sorprendido /sorprendida/.	ผม /ฉัน/ แปลกใจ phŏm /chăn/ bplàek jai
Estoy perplejo /perpleja/.	ผม /ฉัน/ งงงวย phŏm /chăn/ ngong-nguay

Problemas, Accidentes

Tengo un problema.	ผม /ฉัน/ มีปัญหา phŏm /chăn/ mee bpan-hăa
Tenemos un problema.	เรามีปัญหา rao mee bpan-hăa
Estoy perdido /perdida/.	ผม /ฉัน/ หลงทาง phŏm /chăn/ lŏng thaang
Perdi el último autobús (tren).	ผม /ฉัน/ ขาดรถเมล์ (รถไฟ) สุดท้าย phŏm /chăn/ khàat rót mae (rót fai) sùt tháai
No me queda más dinero.	ผม /ฉัน/ ไม่มีเงินเหลือเลย phŏm /chăn/ mâi mee ngern lĕua loie
He perdido …	ผม /ฉัน/ ทำ...ของผม /ฉัน/ หาย phŏm /chăn/ tham...khŏrng phŏm /chăn/ hăai
Me han robado …	มีใครขโมย...ของผม /ฉัน/ ไป mee khrai khà-moi...khŏrng phŏm /chăn/ bpai
mi pasaporte	หนังสือเดินทาง năng-sĕu dern-thaang
mi cartera	กระเป๋าเงิน grà-bpăo ngern
mis papeles	เอกสาร àyk-ka -săan
mi billete	ตั๋ว dtŭa
mi dinero	เงิน ngern
mi bolso	กระเป๋าถือ grà-bpăo thĕu
mi cámara	กล้องถ่ายรูป glôrng thàai rôop
mi portátil	แล็ปท็อป láep-thóp
mi tableta	คอมพิวเตอร์แท็บเล็ต khorm-phiw-dtêr tháep lét
mi teléfono	มือถือ meu thĕu

¡Ayúdeme!	ช่วยด้วยครับ /ค่ะ/!
	chûay dûay khráp /khâ/
¿Qué pasó?	เกิดอะไรขึ้น
	gèrt a-rai khêun

el incendio	ไฟไหม้
	fai mâi
un tiroteo	การยิง
	gaan ying
el asesinato	ฆาตกรรม
	khâat-dtà-gaam
una explosión	การระเบิด
	gaan rá-bèrt
una pelea	การต่อสู้
	gaan dtòr sôo

¡Llame a la policía!	ขอโทรเรียกตำรวจ!
	khŏr thoh rîak dtam-rùat
¡Más rápido, por favor!	เร็ว ๆ หน่อยครับ /ค่ะ/!
	reo reo nòi khráp /khâ/
Busco la comisaría.	ผม /ฉัน/ กำลังหาสถานีตำรวจ
	phŏm /chăn/ gam-lang hăa sà-thăa-nee dtam-rùat
Tengo que hacer una llamada.	ผม /ฉัน/ ต้องการโทร
	phŏm /chăn/ dtôrng gaan thoh
¿Puedo usar su teléfono?	ผม /ฉัน/ ใช้โทรศัพท์ของคุณได้ไหม
	phŏm /chăn/ chái thoh-rá-sàp khŏrng khun dâai măi

Me han ...	ผม /ฉัน/ ถูก...
	phŏm /chăn/ thòok...
asaltado /asaltada/	ชิงทรัพย์
	ching sáp
robado /robada/	ปล้น
	bplôn
violada	ข่มขืน
	khòm khĕun
atacado /atacada/	ซ้อม
	sóm

¿Se encuentra bien?	คุณเป็นอย่างไรบ้างครับ /คะ/
	khun bpen yàang rai bâang khráp /khá/
¿Ha visto quien a sido?	คุณเห็นไหมครับ /คะ/ ว่าเป็นใคร
	khun hĕn măi khráp /khá/ wâa bpen khrai
¿Sería capaz de reconocer a la persona?	คุณจำหน้าคนร้ายได้ไหม
	khun jam nâa khon ráai dâai măi
¿Está usted seguro?	คุณแน่ใจไหม
	khun nâe jai măi
Por favor, cálmese.	กรุณาใจเย็น ๆ ครับ /ค่ะ/
	gà-rú-naa jai yen khráp /khâ/

¡Cálmese!	ใจเย็น
	jai yen
¡No se preocupe!	ไม่ต้องเป็นห่วง!
	mâi dtôrng bpen hùang
Todo irá bien.	ทุกอย่างจะดีขึ้นเอง
	thúk yàang jà dee khêun ayng
Todo está bien.	ทุกอย่างเรียบร้อย
	thúk yàang rîap rói
Venga aquí, por favor.	ขอมาที่นี่หน่อยครับ /ค่ะ/
	khǒr maa thêe nêe nòi khráp /khâ/
Tengo unas preguntas para usted.	ผม /ฉัน/ มีบางคำถาม
	phǒm /chǎn/ mee baang kham thǎam
Espere un momento, por favor.	กรุณารอสักครู่ครับ /ค่ะ/
	gà-rú-naa ror sàk khrôo khráp /khâ/
¿Tiene un documento de identidad?	คุณมีบัตรประจำตัวอะไรไหมครับ /คะ/
	khun mee bàt bprà-jam dtua a-rai mǎi khráp /khá/
Gracias. Puede irse ahora.	ขอบคุณ. คุณไปได้แล้ว
	khòrp khun · khun bpai dâai láew
¡Manos detrás de la cabeza!	มือขึ้น
	meu khêun
¡Está arrestado!	คุณถูกจับแล้ว
	khun thòok jàp láew

Problemas de salud

Ayudeme, por favor.	กรุณาช่วยผม /ฉัน/ gà-rú-naa chûay phǒm /chǎn/
No me encuentro bien.	ผม /ฉัน/ รู้สึกไม่สบาย phǒm /chǎn/ róo sèuk mâi sà-baai
Mi marido no se encuentra bien.	สามีของฉันไม่สบาย sǎa-mee khǒrng chǎn mâi sà-baai
Mi hijo ...	ลูกชายของผม /ฉัน/... lôok chaai khǒrng phǒm /chǎn/...
Mi padre ...	พ่อของผม /ฉัน/... phôr khǒrng phǒm /chǎn/...
Mi mujer no se encuentra bien.	ภรรยาของผมไม่สบาย phan-rá-yaa khǒrng phǒm mâi sà-baai
Mi hija ...	ลูกสาวของผม /ฉัน/... lôok sǎao khǒrng phǒm /chǎn/...
Mi madre ...	แม่ของผม /ฉัน/... mâe khǒrng phǒm /chǎn/...
Me duele ...	ผม /ฉัน/... phǒm /chǎn/...
la cabeza	ปวดหัว bpùat hǔa
la garganta	เจ็บคอ jèp khor
el estómago	ปวดท้อง bpùat thórng
un diente	ปวดฟัน bpùat fan
Estoy mareado.	ผม /ฉัน/ รู้สึกเวียนหัว phǒm /chǎn/ róo sèuk wian hǔa
Él tiene fiebre.	เขามีไข้ khǎo mee khâi
Ella tiene fiebre.	เธอมีไข้ ther mee khâi
No puedo respirar.	ผม /ฉัน/ หายใจไม่ออก phǒm /chǎn/ hǎai-jai mâi òrk
Me ahogo.	ผม /ฉัน/ หายใจไม่ออก phǒm /chǎn/ hǎai-jai mâi òrk
Tengo asma.	ผม /ฉัน/ มีโรคหืด phǒm /chǎn/ mee rôhk hèut
Tengo diabetes.	ผม /ฉัน/ มีโรคเบาหวาน phǒm /chǎn/ mee rôhk bao wǎan

No puedo dormir.	ผม /ฉัน/ นอนไม่หลับ phǒm /chǎn/ norn mâi làp
intoxicación alimentaria	กินอาหารเป็นพิษ gin aa hǎan bpen phít

Me duele aquí.	เจ็บที่นี่ jèp thêe nêe
¡Ayúdeme!	ขอช่วยครับ /ค่ะ/! khǒr chûay khráp /khâ/
¡Estoy aquí!	ผม /ฉัน/ อยู่ที่นี่ phǒm /chǎn/ yòo thêe nêe
¡Estamos aquí!	เราอยู่ที่นี่ rao yòo thêe nêe
¡Saquenme de aquí!	ขอเอาผม /ฉัน/ ออกไปจากที่นี่ khǒr ao phǒm /chǎn/ òk bpai jàak thêe nêe

Necesito un médico.	ผม /ฉัน/ ต้องไปหาหมอ phǒm /chǎn/ dtôrng bpai hǎa mǒr
No me puedo mover.	ผม /ฉัน/ ขยับไม่ได้ phǒm /chǎn/ khà-yàp mâi dâai
No puedo mover mis piernas.	ผม /ฉัน/ ขยับขาของผม /ฉัน/ ไม่ได้ phǒm /chǎn/ khà-yàp khǎa khǒrng phǒm /chǎn/ mâi dâai

Tengo una herida.	ผม /ฉัน/ มีแผล phǒm /chǎn/ mee phlǎe
¿Es grave?	อาการหนักไหม aa-gaan nàk mǎi
Mis documentos están en mi bolsillo.	เอกสารของผม /ฉัน/ อยู่ในกระเป๋าของผม /ฉัน/ àyk sǎan khǒrng phǒm /chǎn/ yòo nai grà-bpǎo khǒrng phǒm /chǎn/
¡Cálmese!	ใจเย็น jai yen
¿Puedo usar su teléfono?	ผม /ฉัน/ ใช้โทรศัพท์ของคุณได้ไหม phǒm /chǎn/ chái thoh-rá-sàp khǒrng khun dâai mǎi

¡Llame a una ambulancia!	ขอโทรเรียกรถพยาบาล! khǒr thoh rîak rót phá-yaa-baan
¡Es urgente!	เรื่องด่วน! rêuang dùan
¡Es una emergencia!	เรื่องฉุกเฉิน rêuang chùk-chěrn
¡Más rápido, por favor!	กรุณารีบด้วยครับ /ค่ะ/! gà-rú-naa rêep dûay khráp /khâ/
¿Puede llamar a un médico, por favor?	ขอโทรเรียกหมอครับ /ค่ะ/ khǒr thoh rîak mǒr khráp /khá/

¿Dónde está el hospital?	โรงพยาบาลอยู่ที่ไหน rohng phá-yaa-baan yòo thêe nǎi
¿Cómo se siente?	คุณรู้สึกอย่างไรบ้าง ครับ /คะ/ khun róo sèuk yàang rai bâang khráp /khá/
¿Se encuentra bien?	คุณรู้สึกสบายดีไหม khun róo sèuk sà-baai dee mǎi
¿Qué pasó?	เกิดอะไรขึ้น gèrt a-rai khêun
Me encuentro mejor.	ผม /ฉัน/ ดีขึ้นแล้ว phǒm /chǎn/ dee khêun láew
Está bien.	ผม /ฉัน/ สบายดี phǒm /chǎn/ sà-baai dee
Todo está bien.	ไม่เป็นไร mâi bpen rai

En la farmacia

la farmacia	ร้านขายยา ráan khǎai yaa
la farmacia 24 horas	ร้านขายยา 24 ชั่วโมง ráan khǎai yaa · yêe sìp sèe · chûa mohng
¿Dónde está la farmacia más cercana?	ร้านขายยาที่ใกล้ที่สุดอยู่ที่ไหน ráan khǎai yaa thêe glâi thêe sùt yòo thêe nǎi

¿Está abierta ahora?	ตอนนี้มันเปิดไหม dtorn-née man bpèrt mǎi
¿A qué hora abre?	มันเปิดกี่โมง man bpèrt gèe mohng
¿A qué hora cierra?	มันปิดกี่โมง man bpìt gèe mohng

¿Está lejos?	อยู่ไกลไหม yòo glai mǎi
¿Puedo llegar a pie?	ผม /ฉัน/ เดินไปที่นั่นได้ไหม phǒm /chǎn/ dern bpai thêe nân dâai mǎi
¿Puede mostrarme en el mapa?	ขอชี้ให้ผม /ฉัน/ ดูในแผนที่ครับ /คะ/ khǒr chée hâi phǒm /chǎn/ doo nai phǎen thêe khráp /khá/

Por favor, deme algo para ...	ช่วยหาอะไรสำหรับอาการ... chûay hǎa a-rai sǎm-ràp aa-gaan...
un dolor de cabeza	ปวดหัว bpùat hǔa
la tos	ไอ ai
el resfriado	เป็นหวัด bpen wàt
la gripe	ไข้หวัด khâi wàt

la fiebre	เป็นไข้ bpen khâi
un dolor de estomago	ปวดท้อง bpùat thórng
nauseas	คลื่นไส้ khlêun sâi

la diarrea	ท้องเสีย thórng sǐa
el estreñimiento	ท้องผูก thórng phòok

un dolor de espalda	ปวดหลัง bpùat lǎng
un dolor de pecho	ปวดหน้าอก bpùat nâa òk
el flato	ปวดข้าง bpùat khâang
un dolor abdominal	ปวดท้อง bpùat thórng

la píldora	ยาเม็ด yaa mét
la crema	ครีม khreem
el jarabe	น้ำเชื่อม náam chêuam
el spray	สเปรย์ sà-bpray
las gotas	ยาหยอด yaa yòrt

Tiene que ir al hospital.	คุณต้องไปโรงพยาบาล khun dtôrng bpai rohng phá-yaa-baan
el seguro de salud	ใบประกันสุขภาพ bai bprà-gan sùk-khà-pâap
la receta	ใบสั่งยา bai sàng yaa
el repelente de insectos	ยากำจัดแมลง yaa gam-jàt má-laeng
la curita	ปลาสเตอร์ pláat-dtêr

Lo más imprescindible

Perdone, ...	ขอโทษครับ /ค่ะ/ khŏr thôht khráp /khâ/
Hola.	สวัสดีครับ /สวัสดีค่ะ/ sà-wàt-dee khráp /sà-wàt-dee khâ/
Gracias.	ขอบคุณครับ /ค่ะ/ khòrp khun khráp /khâ/
Sí.	ใช่ châi
No.	ไม่ใช่ mâi châi
No lo sé.	ผม /ฉัน/ ไม่ทราบ phŏm /chăn/ mâi-sâap
¿Dónde? | ¿A dónde? | ¿Cuándo?	ที่ไหน | ไปที่ไหน | เมื่อไหร่ thêe năi | bpai thêe năi | mêua rài
Necesito ...	ผม /ฉัน/ ต้องการ... phŏm /chăn/ dtôrng gaan...
Quiero ...	ผม /ฉัน/ ต้องการ... phŏm /chăn/ dtôrng gaan...
¿Tiene ...?	คุณมี...ไหมครับ /ค่ะ/ khun mee...măi khráp /khá/
¿Hay ... por aquí?	ที่นี่มี...ไหม thêe nêe mee...măi
¿Puedo ...?	ผม /ฉัน/ ขออนุญาต... phŏm /chăn/ khŏr a-nú-yâat...
..., por favor? (petición educada)	โปรด... bpròht...
Busco ...	ผม /ฉัน/ กำลังหา... phŏm /chăn/ gam-lang hăa...
el servicio	ห้องน้ำ hôrng náam
un cajero automático	เอทีเอ็ม ay thee em
una farmacia	ร้านขายยา ráan khăai yaa
el hospital	โรงพยาบาล rohng phá-yaa-baan
la comisaría	สถานีตำรวจ sà-thăa-nee dtam-rùat
el metro	รถไฟใต้ดิน rót fai dtâi din

un taxi	รถแท็กซี่ rót tháek-sêe
la estación de tren	สถานีรถไฟ sà-thăa-nee rót fai

Me llamo …	ผม /ฉัน/ ชื่อ... phŏm /chăn/ chêu…
¿Cómo se llama?	คุณชื่ออะไรครับ /คะ/ khun chêu a-rai khráp /khá/
¿Puede ayudarme, por favor?	ขอช่วยผมหน่อยครับ /ขอช่วยฉันหน่อยคะ/ khŏr chûay phŏm nòi khráp /khŏr chûay chăn nòi khá/
Tengo un problema.	ผม /ฉัน/ มีปัญหา phŏm /chăn/ mee bpan-hăa
Me encuentro mal.	ผม /ฉัน/ รู้สึกไม่สบาย phŏm /chăn/ róo sèuk mâi sà-baai
¡Llame a una ambulancia!	ขอเรียกรถพยาบาล! khŏr rîak rót phá-yaa-baan
¿Puedo llamar, por favor?	ผม /ฉัน/ โทรศัพท์ได้ไหม phŏm /chăn/ thoh-rá-sàp dâai măi

Lo siento.	ขอโทษ khŏr thôht
De nada.	ไม่เป็นไรครับ /ค่ะ/ mâi bpen rai khráp /khâ/

Yo	ผม /ฉัน/ phŏm /chăn/
tú	คุณ khun
él	เขา khăo
ella	เธอ ther
ellos	พวกเขา phûak khăo
ellas	พวกเขา phûak khăo
nosotros /nosotras/	เรา rao
ustedes, vosotros	คุณทั้งหลาย khun táng lăai
usted	ท่าน thân

ENTRADA	ทางเข้า thaang khâo
SALIDA	ทางออก thaang òrk
FUERA DE SERVICIO	เสีย sĭa

CERRADO	ปิด bpìt
ABIERTO	เปิด bpèrt
PARA SEÑORAS	สำหรับผู้หญิง săm-ràp phôo yǐng
PARA CABALLEROS	สำหรับผู้ชาย săm-ràp phôo chaai

MINI DICCIONARIO

Esta sección contiene 250 palabras útiles necesarias para la comunicación diaria. Encontrará ahí los nombres de los meses y de los días de la semana.
El diccionario también contiene temas relevantes tales como colores, medidas, familia, y más

T&P Books Publishing

CONTENIDO DEL DICCIONARIO

1. La hora. El calendario — 79
2. Números. Los numerales — 80
3. El ser humano. Los familiares — 81
4. El cuerpo. La anatomía humana — 82
5. La ropa. Accesorios personales — 83
6. La casa. El apartamento — 84

T&P Books Publishing

1. La hora. El calendario

tiempo (m)	เวลา	way-laa
hora (f)	ชั่วโมง	chûa mohng
media hora (f)	ครึ่งชั่วโมง	khrêung chûa mohng
minuto (m)	นาที	naa-thee
segundo (m)	วินาที	wí-naa-thee
hoy (adv)	วันนี้	wan née
mañana (adv)	พรุ่งนี้	phrûng-née
ayer (adv)	เมื่อวานนี้	mêua waan née
lunes (m)	วันจันทร์	wan jan
martes (m)	วันอังคาร	wan ang-khaan
miércoles (m)	วันพุธ	wan phút
jueves (m)	วันพฤหัสบดี	wan phá-réu-hàt-sà-bor-dee
viernes (m)	วันศุกร์	wan sùk
sábado (m)	วันเสาร์	wan sǎo
domingo (m)	วันอาทิตย์	wan aa-thít
día (m)	วัน	wan
día (m) de trabajo	วันทำงาน	wan tham ngaan
día (m) de fiesta	วันนักขัตฤกษ์	wan nák-khàt-rêrk
fin (m) de semana	วันสุดสัปดาห์	wan sùt sàp-daa
semana (f)	สัปดาห์	sàp-daa
semana (f) pasada	สัปดาห์ก่อน	sàp-daa gòrn
semana (f) que viene	สัปดาห์หน้า	sàp-daa nâa
por la mañana	ตอนเช้า	dtorn cháo
por la tarde	ตอนบ่าย	dtorn bàai
por la noche	ตอนเย็น	dtorn yen
esta noche (p.ej. 8:00 p.m.)	คืนนี้	kheun née
por la noche	กลางคืน	glaang kheun
medianoche (f)	เที่ยงคืน	thîang kheun
enero (m)	มกราคม	mók-gà-raa khom
febrero (m)	กุมภาพันธ์	gum-phaa phan
marzo (m)	มีนาคม	mee-naa khom
abril (m)	เมษายน	may-sǎa-yon
mayo (m)	พฤษภาคม	phréut-sà-phaa khom
junio (m)	มิถุนายน	mí-thù-naa-yon
julio (m)	กรกฎาคม	gà-rá-gà-daa-khom

agosto (m)	สิงหาคม	sǐng hǎa khom
septiembre (m)	กันยายน	gan-yaa-yon
octubre (m)	ตุลาคม	dtù-laa khom
noviembre (m)	พฤศจิกายน	phréut-sà-jì-gaa-yon
diciembre (m)	ธันวาคม	than-waa khom
en primavera	ฤดูใบไม้ผลิ	réu-doo bai máai phlì
en verano	ฤดูร้อน	réu-doo rórn
en otoño	ฤดูใบไม้ร่วง	réu-doo bai máai rûang
en invierno	ฤดูหนาว	réu-doo nǎao
mes (m)	เดือน	deuan
estación (f)	ฤดูกาล	réu-doo gaan
año (m)	ปี	bpee

2. Números. Los numerales

cero	ศูนย์	sǒon
uno	หนึ่ง	nèung
dos	สอง	sǒrng
tres	สาม	sǎam
cuatro	สี่	sèe
cinco	ห้า	hâa
seis	หก	hòk
siete	เจ็ด	jèt
ocho	แปด	bpàet
nueve	เก้า	gâo
diez	สิบ	sìp
once	สิบเอ็ด	sìp èt
doce	สิบสอง	sìp sǒrng
trece	สิบสาม	sìp sǎam
catorce	สิบสี่	sìp sèe
quince	สิบห้า	sìp hâa
dieciséis	สิบหก	sìp hòk
diecisiete	สิบเจ็ด	sìp jèt
dieciocho	สิบแปด	sìp bpàet
diecinueve	สิบเก้า	sìp gâo
veinte	ยี่สิบ	yêe sìp
treinta	สามสิบ	sǎam sìp
cuarenta	สี่สิบ	sèe sìp
cincuenta	ห้าสิบ	hâa sìp
sesenta	หกสิบ	hòk sìp
setenta	เจ็ดสิบ	jèt sìp
ochenta	แปดสิบ	bpàet sìp
noventa	เก้าสิบ	gâo sìp

cien	หนึ่งร้อย	nèung rói
doscientos	สองร้อย	sŏrng rói
trescientos	สามร้อย	săam rói
cuatrocientos	สี่ร้อย	sèe rói
quinientos	ห้าร้อย	hâa rói
seiscientos	หกร้อย	hòk rói
setecientos	เจ็ดร้อย	jèt rói
ochocientos	แปดร้อย	bpàet rói
novecientos	เก้าร้อย	gâo rói
mil	หนึ่งพัน	nèung phan
diez mil	หนึ่งหมื่น	nèung mèun
cien mil	หนึ่งแสน	nèung săen
millón (m)	ล้าน	láan
mil millones	พันล้าน	phan láan

3. El ser humano. Los familiares

hombre (m) (varón)	ผู้ชาย	phôo chaai
joven (m)	ชายหนุ่ม	chaai nùm
mujer (f)	ผู้หญิง	phôo yĭng
muchacha (f)	หญิงสาว	yĭng săao
anciano (m)	ชายชรา	chaai chá-raa
anciana (f)	หญิงชรา	yĭng chá-raa
madre (f)	มารดา	maan-daa
padre (m)	บิดา	bì-daa
hijo (m)	ลูกชาย	lôok chaai
hija (f)	ลูกสาว	lôok săao
padres (pl)	พ่อแม่	phôr mâe
niño -a (m, f)	เด็ก, ลูก	dèk, lôok
niños (pl)	เด็กๆ	dèk dèk
madrastra (f)	แม่เลี้ยง	mâe líang
padrastro (m)	พ่อเลี้ยง	phôr líang
abuela (f)	ย่า, ยาย	yâa, yaai
abuelo (m)	ปู่, ตา	bpòo, dtaa
nieto (m)	หลานชาย	lăan chaai
nieta (f)	หลานสาว	lăan săao
nietos (pl)	หลานๆ	lăan
tío (m)	ลุง	lung
tía (f)	ป้า	bpâa
sobrino (m)	หลานชาย	lăan chaai
sobrina (f)	หลานสาว	lăan săao
mujer (f)	ภรรยา	phan-rá-yaa
marido (m)	สามี	săa-mee

casado (adj)	แต่งงานแล้ว	dtàeng ngaan láew
casada (adj)	แต่งงานแล้ว	dtàeng ngaan láew
viuda (f)	แม่หม้าย	mâe mâai
viudo (m)	พ่อหม้าย	phôr mâai

| nombre (m) | ชื่อ | chêu |
| apellido (m) | นามสกุล | naam sà-gun |

pariente (m)	ญาติ	yâat
amigo (m)	เพื่อน	phêuan
amistad (f)	มิตรภาพ	mít-dtrà-phâap

compañero (m)	หุ้นส่วน	hûn sùan
superior (m)	ผู้บังคับบัญชา	phôo bang-kháp ban-chaa
colega (m, f)	เพื่อนร่วมงาน	phêuan rûam ngaan
vecinos (pl)	เพื่อนบ้าน	phêuan bâan

4. El cuerpo. La anatomía humana

cuerpo (m)	ร่างกาย	râang gaai
corazón (m)	หัวใจ	hŭa jai
sangre (f)	เลือด	lêuat
cerebro (m)	สมอง	sà-mŏrng

hueso (m)	กระดูก	grà-dòok
columna (f) vertebral	สันหลัง	săn lăng
costilla (f)	ซี่โครง	sêe khrohng
pulmones (m pl)	ปอด	bpòrt
piel (f)	ผิวหนัง	phĭw năng

cabeza (f)	หัว	hŭa
cara (f)	หน้า	nâa
nariz (f)	จมูก	jà-mòok
frente (f)	หน้าผาก	nâa phàak
mejilla (f)	แก้ม	gâem

boca (f)	ปาก	bpàak
lengua (f)	ลิ้น	lín
diente (m)	ฟัน	fan
labios (m pl)	ริมฝีปาก	rim fĕe bpàak
mentón (m)	คาง	khaang

oreja (f)	หู	hŏo
cuello (m)	คอ	khor
ojo (m)	ตา	dtaa
pupila (f)	รูม่านตา	roo mâan dtaa
ceja (f)	คิ้ว	khíw
pestaña (f)	ขนตา	khŏn dtaa
pelo, cabello (m)	ผม	phŏm
peinado (m)	ทรงผม	song phŏm

bigote (m)	หนวด	nùat
barba (f)	เครา	krao
tener (~ la barba)	ลงไว้	lorng wái
calvo (adj)	หัวล้าน	hŭa láan
mano (f)	มือ	meu
brazo (m)	แขน	khăen
dedo (m)	นิ้ว	níw
uña (f)	เล็บ	lép
palma (f)	ฝ่ามือ	fàa meu
hombro (m)	ไหล่	lài
pierna (f)	ขา	khăa
rodilla (f)	หัวเข่า	hŭa khào
talón (m)	ส้นเท้า	sôn tháo
espalda (f)	หลัง	lăng

5. La ropa. Accesorios personales

ropa (f)	เสื้อผ้า	sêua phâa
abrigo (m)	เสื้อโค้ท	sêua khóht
abrigo (m) de piel	เสื้อโค้ทขนสัตว์	sêua khóht khŏn sàt
cazadora (f)	แจ็คเก็ต	jáek-gèt
impermeable (m)	เสื้อกันฝน	sêua gan fŏn
camisa (f)	เสื้อ	sêua
pantalones (m pl)	กางเกง	gaang-gayng
chaqueta (f), saco (m)	แจ็คเก็ตสูท	jàek-gèt sòot
traje (m)	ชุดสูท	chút sòot
vestido (m)	ชุดเดรส	chút draet
falda (f)	กระโปรง	grà bprohng
camiseta (f) (T-shirt)	เสื้อยืด	sêua yêut
bata (f) de baño	เสื้อคลุมอาบน้ำ	sêua khlum àap náam
pijama (m)	ชุดนอน	chút norn
ropa (f) de trabajo	ชุดทำงาน	chút tam ngaan
ropa (f) interior	ชุดชั้นใน	chút chán nai
calcetines (m pl)	ถุงเท้า	thŭng tháo
sostén (m)	ยกทรง	yók song
pantimedias (f pl)	ถุงน่องเต็มตัว	thŭng nôrng dtem dtua
medias (f pl)	ถุงน่อง	thŭng nôrng
traje (m) de baño	ชุดว่ายน้ำ	chút wâai náam
gorro (m)	หมวก	mùak
calzado (m)	รองเท้า	rorng tháo
botas (f pl) altas	รองเท้าบูท	rorng tháo bòot
tacón (m)	ส้นรองเท้า	sôn rorng tháo
cordón (m)	เชือกรองเท้า	chêuak rorng tháo
betún (m)	ยาขัดรองเท้า	yaa khàt rorng tháo

guantes (m pl)	ถุงมือ	thǔng meu
manoplas (f pl)	ถุงมือ	thǔng meu
bufanda (f)	ผ้าพันคอ	phâa phan khor
gafas (f pl)	แว่นตา	wâen dtaa
paraguas (m)	ร่ม	rôm
corbata (f)	เนคไท	nâyk-thai
moquero (m)	ผ้าเช็ดหน้า	phâa chét-nâa
peine (m)	หวี	wěe
cepillo (m) de pelo	แปรงหวีผม	bpraeng wěe phǒm
hebilla (f)	หัวเข็มขัด	hǔa khěm khàt
cinturón (m)	เข็มขัด	khěm khàt
bolso (m)	กระเป๋าถือ	grà-bpǎo thěu

6. La casa. El apartamento

apartamento (m)	อพาร์ตเมนต์	a-phâat-mayn
habitación (f)	ห้อง	hôrng
dormitorio (m)	ห้องนอน	hôrng norn
comedor (m)	ห้องรับประทานอาหาร	hôrng ráp bprà-thaan aa-hǎan
salón (m)	ห้องนั่งเล่น	hôrng nâng lên
despacho (m)	ห้องทำงาน	hôrng tham ngaan
antecámara (f)	ห้องเข้า	hôrng khâo
cuarto (m) de baño	ห้องน้ำ	hôrng náam
servicio (m)	ห้องส้วม	hôrng sûam
aspirador (m), aspiradora (f)	เครื่องดูดฝุ่น	khrêuang dòot fùn
fregona (f)	ไม้ถูพื้น	mái thǒo phéun
trapo (m)	ผ้าเช็ดพื้น	phâa chét phéun
escoba (f)	ไม้กวาดสั้น	máai gwàat sân
cogedor (m)	ที่ตักผง	têe dtàk phǒng
muebles (m pl)	เครื่องเรือน	khrêuang reuan
mesa (f)	โต๊ะ	dtó
silla (f)	เก้าอี้	gâo-êe
sillón (m)	เก้าอี้เท้าแขน	gâo-êe tháo khǎen
espejo (m)	กระจก	grà-jòk
tapiz (m)	พรม	phrom
chimenea (f)	เตาผิง	dtao phǐng
cortinas (f pl)	ผ้าแขวน	phâa khwǎen
lámpara (f) de mesa	โคมไฟตั้งโต๊ะ	khohm fai dtâng dtó
lámpara (f) de araña	โคมระย้า	khohm rá-yáa
cocina (f)	ห้องครัว	hôrng khrua
cocina (f) de gas	เตาแก๊ส	dtao gàet
cocina (f) eléctrica	เตาไฟฟ้า	dtao fai-fáa

horno (m) microondas	เตาอบไมโครเวฟ	dtao òp mai-khroh-we p
frigorífico (m)	ตู้เย็น	dtôo yen
congelador (m)	ตู้แช่แข็ง	dtôo châe khǎeng
lavavajillas (m)	เครื่องล้างจาน	khrêuang láang jaan
grifo (m)	ก็อกน้ำ	gòk náam
picadora (f) de carne	เครื่องบดเนื้อ	khrêuang bòt néua
exprimidor (m)	เครื่องคั้นน้ำผลไม้	khrêuang khán náam phǒn-lá-mái
tostador (m)	เครื่องปิ้งขนมปัง	khrêuang bpîng khà-nǒm bpang
batidora (f)	เครื่องปั่น	khrêuang bpàn
cafetera (f) (aparato de cocina)	เครื่องชงกาแฟ	khrêuang chong gaa-fae
hervidor (m) de agua	กาน้ำ	gaa náam
tetera (f)	กาน้ำชา	gaa náam chaa
televisor (m)	ทีวี	thee-wee
vídeo (m)	เครื่องบันทึกวิดีโอ	khrêuang ban-théuk wí-dee-oh
plancha (f)	เตารีด	dtao rêet
teléfono (m)	โทรศัพท์	thoh-rá-sàp

www.ingramcontent.com/pod-product-compliance
Lightning Source LLC
Chambersburg PA
CBHW071504070426
42452CB00041B/2292

Travel phrasebooks collection
«Everything Will Be Okay!»

T&P Books Publishing

PHRASEBOOK
— SPANISH —

THE MOST IMPORTANT PHRASES

This phrasebook contains the most important phrases and questions for basic communication
Everything you need to survive overseas

By: Andrey Taranov

Phrasebook + 250-word dictionary

English-Spanish phrasebook & mini dictionary
By Andrey Taranov

The collection of "Everything Will Be Okay" travel phrasebooks published by T&P Books is designed for people traveling abroad for tourism and business. The phrasebooks contain what matters most - the essentials for basic communication. This is an indispensable set of phrases to "survive" while abroad.

You'll also find a mini dictionary with 250 useful words required for everyday communication - the names of months and days of the week, measurements, family members, and more.

Copyright © 2018 T&P Books Publishing

All rights reserved. No part of this book may be reproduced or utilized in any form or by any means, electronic or mechanical, including photocopying, recording or by information storage and retrieval system, without permission in writing from the publishers.

T&P Books Publishing
www.tpbooks.com

ISBN: 978-1-78492-412-6

This book is also available in E-book formats.
Please visit www.tpbooks.com or the major online bookstores.